始于一页，通达福州。

HELLO!

福州

这里是福州

福建画报

福州市文化和旅游局 荣誉出品

福建画报社 编

海峡出版发行集团
THE STRAITS PUBLISHING & DISTRIBUTING GROUP
海峡书局·福州·

图书在版编目（CIP）数据

这里是福州 / 福建画报社编. —福州：海峡书局，2021.9（2022.4 重印）
ISBN 978-7-5567-0813-0

Ⅰ. ①这… Ⅱ. ①福… Ⅲ. ①福州—概况 Ⅳ. ① K925.71

中国版本图书馆 CIP 数据核字（2021）第 092864 号

这里是福州
ZHELI SHI FUZHOU

编　　者：福建画报社
责任编辑：薛瑜婷　高莹莹
出版发行：海峡书局
地　　址：福州市白马中路 15 号
邮政编码：350000
经　　销：福建新华发行（集团）有限责任公司
印　　刷：福州大坤彩色印刷有限公司
地　　址：福州市福兴投资区
开　　本：889 毫米 ×1194 毫米　1/32
印　　张：5
字　　数：70 千字
版　　次：2021 年 9 月第 1 版
印　　次：2022 年 4 月第 2 次印刷
国际书号：ISBN 978-7-5567-0813-0
定　　价：40.00 元

如有印、装质量问题，影响阅读，请直接与承印厂调换。
联系电话：0591-87586895

有福之州 幸福之城

李木教 书

茉莉花是福州市花，小巧玲珑，纯洁光润，花香袭人。热情好客的福州人将茉莉花视作友谊之花，会赠予客人美丽的茉莉花环，或为他们送上几杯香醇的茉莉花茶，以示友好。

一个福州人眼里的福州

福州，因城西北有福山而得名，位于中国东南沿海的福建省东部、闽江下游沿岸，是福建省省会。其东濒东海，与台湾只有一海之隔，地理环境优越，有“江南胜地”之美誉。

福州市现下辖6个市辖区、1个县级市、5个县:

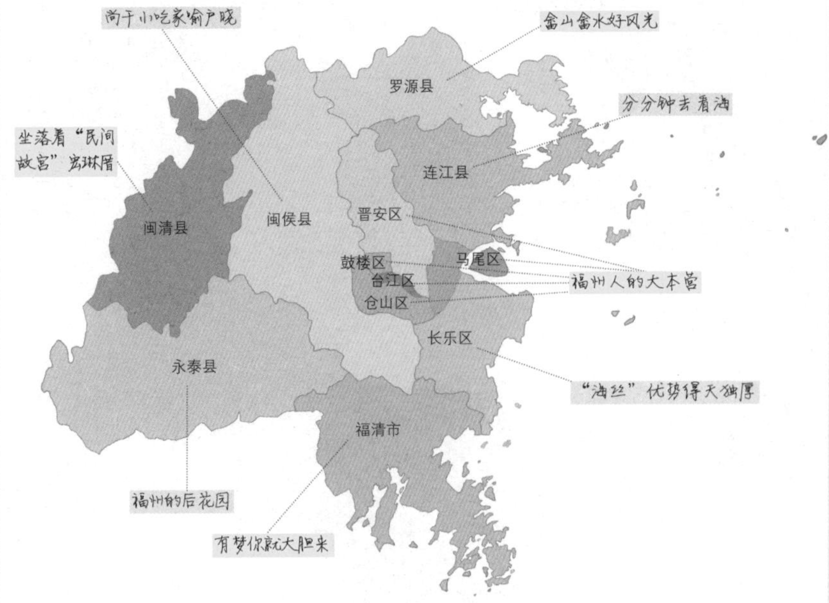

福州辖区手绘示意图

你来或不来，我就在这里！我在福州等你！

你好，福州

这里是福州，有历史，有文化，有大物，有风光，有生活，让人爱得不疾不徐，倍感温暖。这里山水随手而得，有令人羡慕的星辰大海，教人美了眼，醉了心。

福州是一座承继千年文脉的古城，有太多东西值得我们去看看。这里镌刻着一个城市千年的记忆：中国东南沿海重要的贸易口岸，“海上丝绸之路”的重要门户，中国近代海军摇篮和工业、科技发源地……历史从这里走过，留下了宝贵的文化遗产，使这里变得丰盈、包容、睿智、文明。

或因一个人，爱上一座城，不可否认，文化名人确是一座城市的骄傲。这里是民族英雄林则徐的诞生地，是醒世先驱严复的居住地，还是知名作家冰心的父母之乡。这里有烈士的鲜血，有文人的情怀，有科学家的钻研……沈葆桢、黄乃裳、萨镇冰、方声洞、林觉民、王冷斋、陈宝琛、林纾、庐隐、林徽因、侯德榜、陈景润等名人皆出于此。

福州的绿同样值得一提。冰心在《繁星》中这样写道：“我只知道有蔚蓝的海，却原来还有碧绿的江，这是我父母之乡！”可以说，福州的山水之妙绝对是超乎你想象的。这里青山如黛，江水碧清，满目绿榕，茉莉飘香，千景万景如画里。此外，这里亦充满生活之美。无约而至的人们在此享受温泉浴，朴实动人的烟火味随处可闻。

福州，一座安逸而温暖的城市，读懂它，还需你从看风景的人变成风景里的人。

光影中的城市记忆

右侧是一幅我们翻拍的福州城实景古地图。据了解，原图现藏于荷兰阿姆斯特丹国立博物馆内。这幅历史画卷向观者栩栩如生地再现了三百多年前老福州的概貌，从中不难看出，清代时这里的对外贸易已十分繁华。尽管时代变迁，这座千年古城的一些古遗址原貌在图中也仍『有迹可循』，只要我们细细品阅，那些被流年遗忘的城市记忆或将再一次被唤醒。

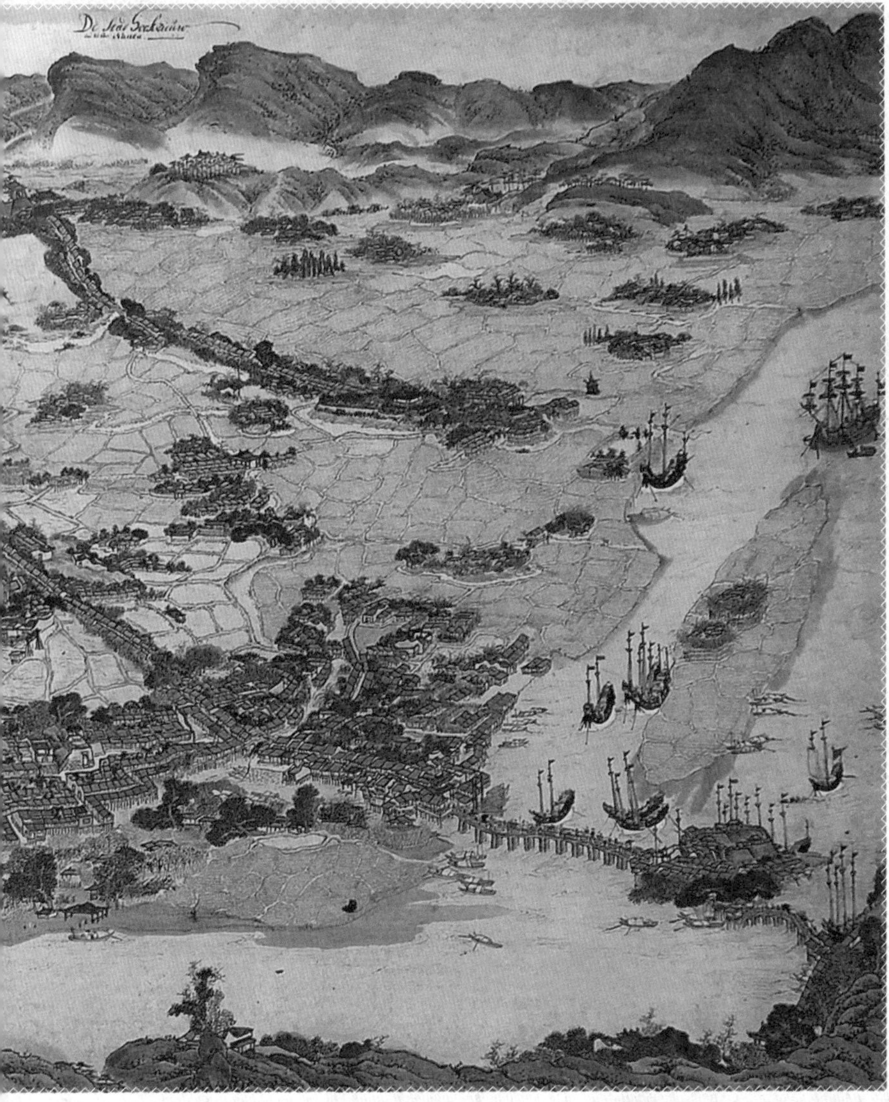

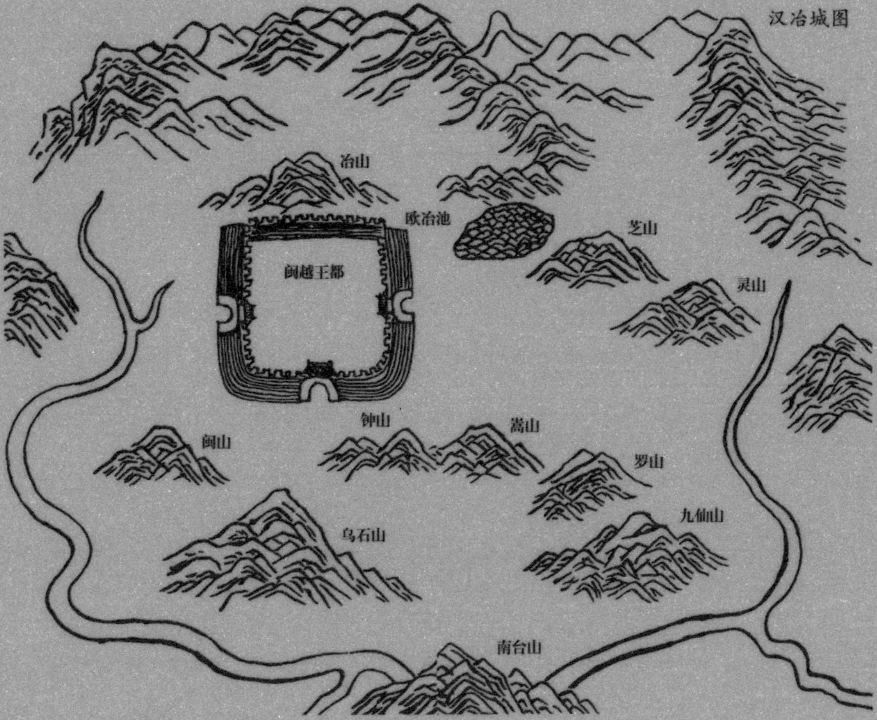
汉冶城图
冶山
欧冶池
芝山
闽越王都
灵山
钟山
嵩山
闽山
罗山
九仙山
乌石山
南台山

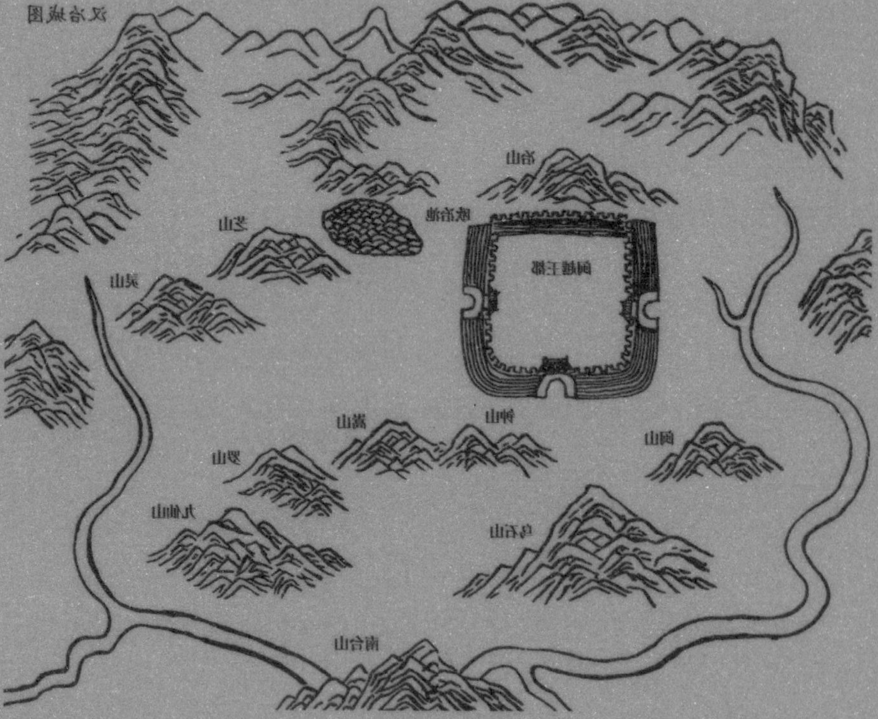
汉冶城图
冶山
欧冶池
芝山
灵山
闽越王都
嵩山
钟山
闽山
罗山
九仙山
乌石山
南台山

闽之有城，自冶城始

福州是福建史上最早建立的一座古城，建城于公元前 202 年。福州建城，始自无诸，共经历了从汉冶城、晋子城、唐罗城、梁夹城、宋外城到明清府城演变的六个阶段。

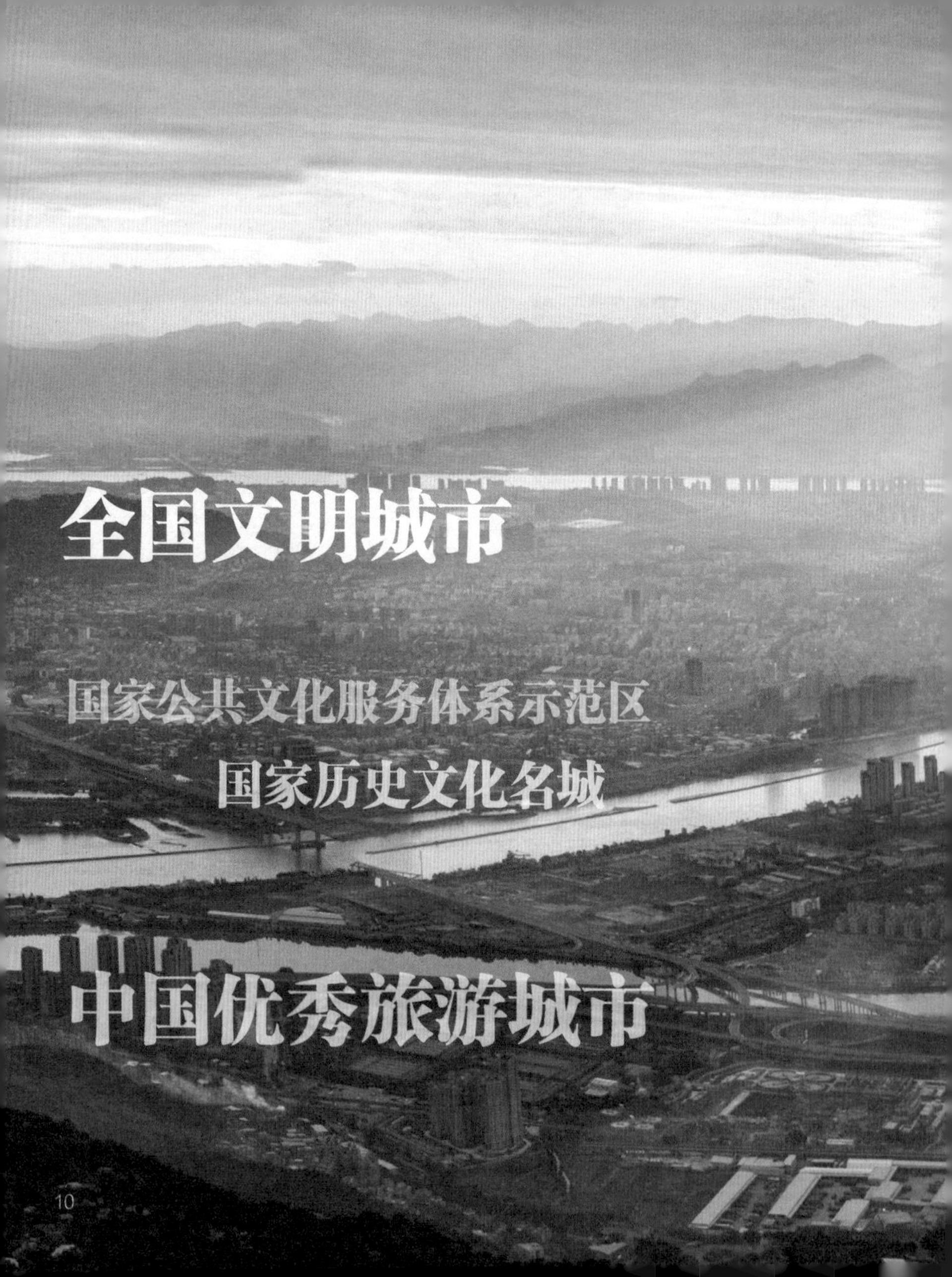
全国文明城市
国家公共文化服务体系示范区
国家历史文化名城
中国优秀旅游城市

建设现代化国际城市
国家森林城市
中国温泉之都
有福之州
幸福之城

目录

闽水泱泱，闽都皇皇。闽都文化，源远流长。福州不大，却有 2200 多年的建城史，孕育了丰盛的人文底蕴。它穿越千年，变得更加厚重有力，却依然保持低调。这里写满诗与传说，接续历史和现代，有着诉不尽的传奇故事。此刻，让我们抚今追昔，一同亲鉴它的魅力吧！

福州的自信和底气源于何处？言语也许会骗人，但实力不会。福州，素有“海滨邹鲁”之美称。从历史到今天，这里涌现出无数名人志士，可谓群英荟萃。正是先贤在漫长时光中不断地奋斗和积淀，才给后人留下了无比珍贵的文化遗产和精神财富。

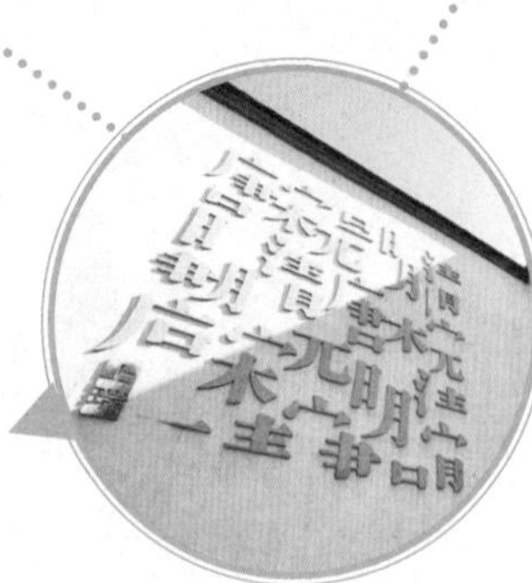

这里是福州，目之所及，皆是美好。这里的风物多奇妙，藏着诸多智慧与感动。这里的“非遗”甚惊艳，满载城市活力和生活美学。你心动了吗？赶快来福地，赏福乐，识福匠，品福韵，见福人，开启“接福气”的探索之旅吧！

好生态自有好福气。这里是福州，一座自带福气的城市，分分钟带你亲近自然。在这里，你可以尽享生态福利。一座特色的山水城市，风景秀丽，闽江穿城而过，温泉资源丰富。一座惬意的公园城市，气候宜人，宜业宜居，有着你向往的生活。

都说“福州菜飘香四海，食文化千古流传”，来到闽菜发源地，恭喜你，你的人生就要进入发福地段！福州菜，闽菜的主流，以烹制山珍海味而著称，钟情于汤水，偏爱于甜酸，口感独特又美味。相信爱美食的你，来这儿大快朵颐一番，会不虚此行的。

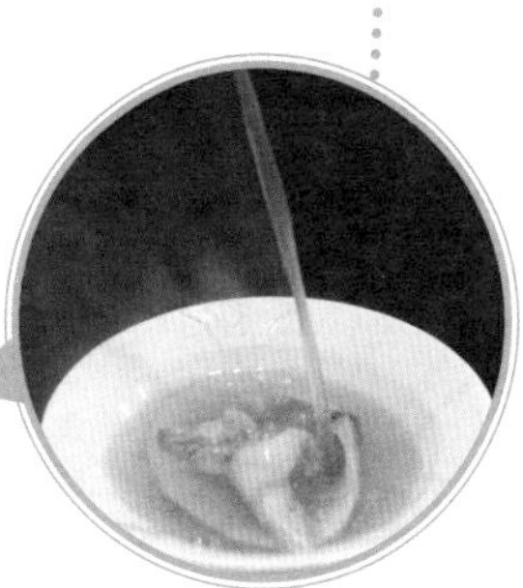

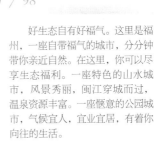

千年闽都有腔调

闽水泱泱，闽都皇皇。闽都文化，源远流长。福州不大，却有两千两百多年的建城史，孕育了丰盛的人文底蕴。它穿越千年，变得更加厚重有力，却依然保持低调。这里写满诗与传说，接续历史和现代，有着诉不尽的传奇故事。此刻，让我们抚今追昔，一同亲鉴它的魅力吧！

壹◎

恭喜你，离史前人类文明又近了一步

不得不说，有古可考是幸福的。通过考古发掘，我们可以看到在这片土地上曾发生过的沧海桑田的故事。“昙石山文化”年代距今 5000—4300 年，是福建新石器时代晚期代表性考古学文化，也是中国东南沿海地区具有代表性的考古学文化。昙石山文化遗址位于闽江北岸闽侯县甘蔗镇昙石村旁的小山上，是福建海洋文化的摇篮，也是先秦闽族的发源地。它的发掘开启了新中国福建考古的第一篇章。

城中觅古城，这“考古盲盒”拆得可还行？

已在城中，又觅古城，一次游历，拥有双份满足，此中快乐自是不言而喻。殊不知，为了有幸城中觅古城，考古人员可是用了洪荒之力！1985 年，位于福州市晋安区新店镇古城村的新店古城遗址被考古人员偶然发现。1996 年至 2019 年的 20 多年间，历经 9 轮考古寻城，这个沉睡千年的汉初闽越国故城遗址逐渐揭开了它的神秘面纱。它不仅是闽越文化的研学基地，也是闽都文化的重要源流，还是闽都文化自信的基座。经过一段时间的保护修复和提升，新店古城遗址公园（一期）于 2021 年初建成。原本

我们不易看懂的残垣断壁、埋在“福州第一城”地下的那些历史文物走出深闺“活起来”，新店古城遗址公园也成为溯源闽越文化、延续闽都记忆、实现人和遗址共居的城市文化新地标。园里的仿古城墙、巨石浮雕、图腾柱、考古棚、古厝、花田、堤路等静态景观元素，结合多媒体技术手段，生动形象地为游客讲述闽越国人开疆拓土的历史故事，并立体再现闽越国人当时的生活图景。

如果你想要沉浸式体验新店古城的前世今生，深度感受闽越文化的魅力所在，那就来这里看看吧！

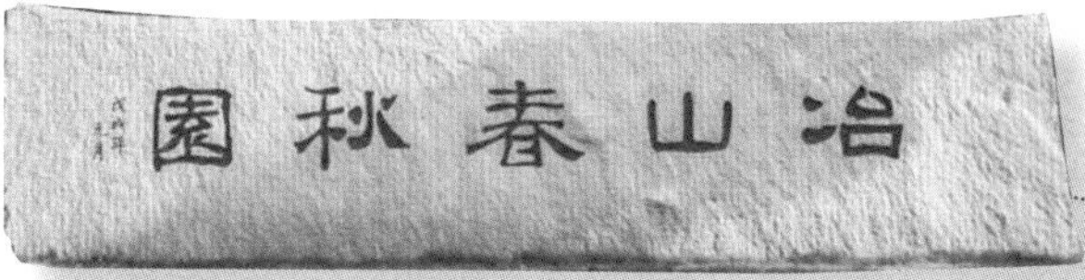

冶山“九曲”，曲水流觞

当落日的余晖将冶山染得绯红，你仿佛可以感受到欧冶池铸剑的火光。

旧传冶城以春秋时代有人在冶山麓设灶冶铸而得名，即先有冶山，后有冶城。这位著名的冶炼家就是欧冶子。他选中了冶山的池畔铸造名剑，留下了闻名古今的“欧冶池”胜地，也把福州的历史写入吴越春秋的史册。

如今，在冶山历史文化风貌区中，留下历史印记最多的就是泉山摩崖石刻。来到这里的游客，最感兴趣的莫过于在山上寻找“九曲”石刻。泉山的“九曲”“九曲池”和曲水流觞的传说有很大关系。在“九曲池”的题刻下，就留有小型的曲水流觞景点。

在福州，有不少人听说过闽越王无诸在福州桑溪曲水流觞修禊的事迹，虽然仅限于民间传说，但或许是为了追忆该传说，人们在冶山上再现了这一景观。

一砖一瓦 诉说历史悠长

在福州城市中心，坐落着一个国家AAAAA级旅游景区——三坊七巷。其由三个坊（衣锦坊、文儒坊、光禄坊）、七条巷（杨桥巷、郎官巷、安民巷、黄巷、塔巷、宫巷、吉庇巷）和一条中轴街肆（南后街）组成，是中国十大历史文化名街区之一。三坊七巷自晋代发轫，于唐五代形成，至明清鼎盛，古老的坊巷风貌基本得以保留至今。满富年代感的建筑群落，使得这里的一砖一瓦都镌刻着岁月的痕迹。

宋代通奉大夫朱敏功居此，朱氏兄弟四人皆登仕版，朱紫盈门，故名。朱紫坊历史文化街区与三坊七巷仅一坊之隔，虽不及三坊七巷热闹气派，却有着诸多不可言喻的美。亲水而居，舟楫楼连，花窗鞍墙，坊巷交错……这里『路逢十客九青衿』，是福州城的『乌衣巷陌』，有福州现存规模最大、保存最完整的古典园林——芙蓉园，是近代中国海军名将（萨镇冰、方伯谦等）的聚居地。

三坊七巷颇具看点的文保建筑有水榭戏台、小黄楼、二梅书屋、欧阳氏花厅、鄢家花厅、尤氏民居、刘家大院、谢家祠等。

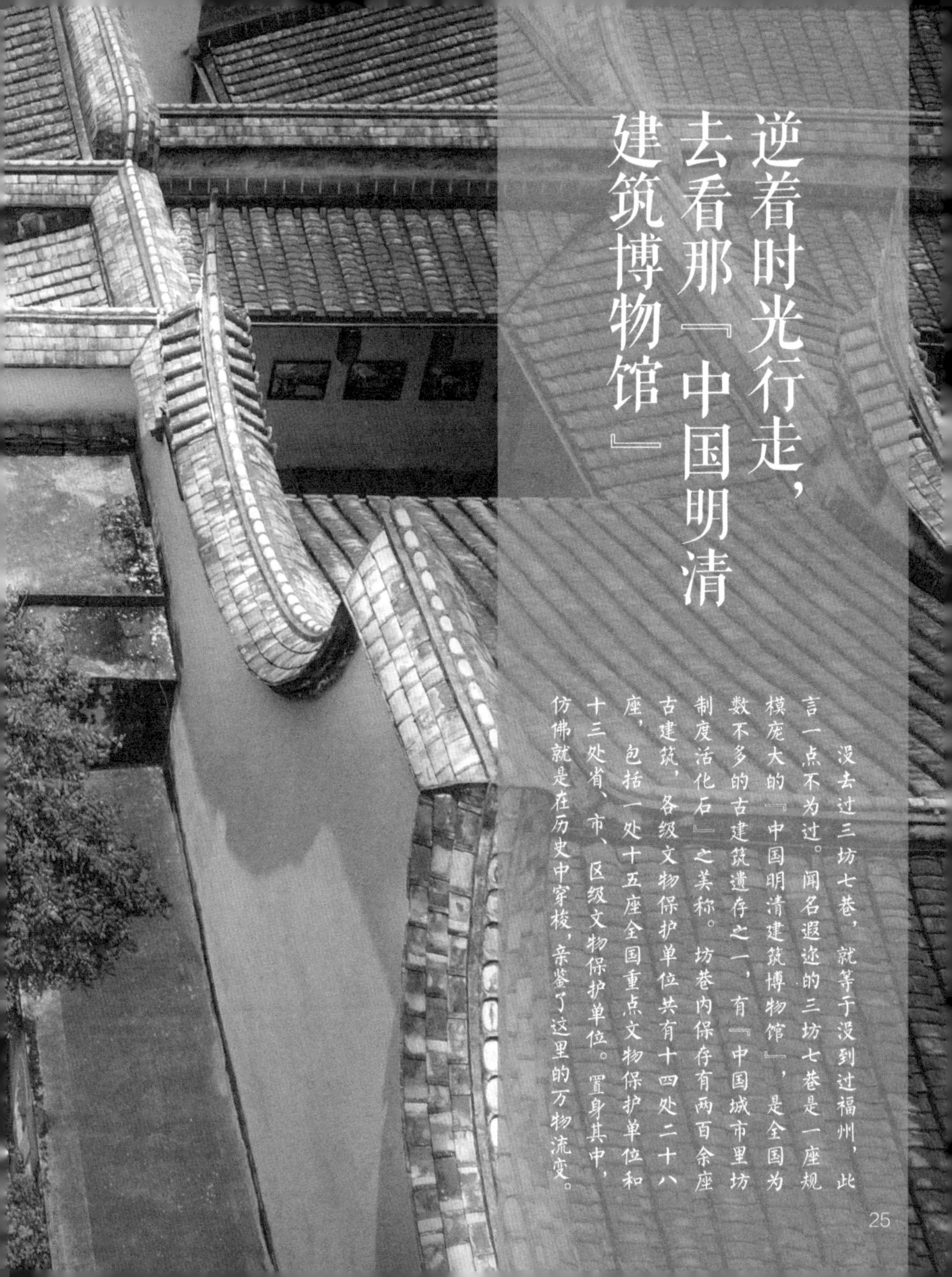

逆着时光行走，去看那『中国明清建筑博物馆』

没去过三坊七巷，就等于没到过福州，此言一点不为过。闻名遐迩的三坊七巷是一座规模庞大的『中国明清建筑博物馆』，是全国为数不多的古建筑遗存之一，有『中国城市里坊制度活化石』之美称。坊巷内保存有两百余座古建筑，各级文物保护单位共有十四处二十八座，包括一处十五座全国重点文物保护单位和十三处省、市、区级文物保护单位。置身其中，仿佛就是在历史中穿梭，亲鉴了这里的万物流变。

几多闽都名人客，曾住三坊七巷间

有道是一方水土养一方人，福州就是一个钟灵毓秀之地。而作为福州的头牌景区，三坊七巷常年游人如织，可谓是大家来榕打卡的必选项。这里因地灵而人杰，文儒辈出，被誉为“闽都名人的聚居地”。自形成起，这里便是贵族和士大夫的聚居之所，曾走出400多位名人，仅近现代的就有150多位。他们的事迹和思想犹如火炬般照亮他人，使得这片热土人文荟萃，充满灵性。如果你已迫不及待地想一睹这些先辈的奕奕风采，不妨到他们的故居走走看看，会是个不错的选择。

下面我们一起来看看福地名人圈的强大阵容吧！

近代中国“开眼看世界的第一人”——林则徐

中国近代著名启蒙思想家、翻译家、教育家——严复

中国近代造船、航运、海军建设事业的奠基人之一——沈葆桢

近代福州译界泰斗——林纾

“戊戌六君子”之一——林旭

“黄花岗七十二烈士”之一——林觉民

福州三大才女——庐隐、冰心、林徽因

……

Which one do you wanna pick?

嚴
嚴
嚴復故居

客中心
中心装修中

上杭与下杭，并行皆通商

三捷河畔商户聚，唐宋繁华今再现。百年前的『双杭』，行栈林立，商铺云集，是福州闻名的商业中心和航运码头。作为『福州传统商业博物馆』，商贾文化浓厚的上下杭一直都是民俗、史学专家们研究福州商业发展历程的重要之地。

有一种诗意复古，惊艳了一座城，叫烟台山

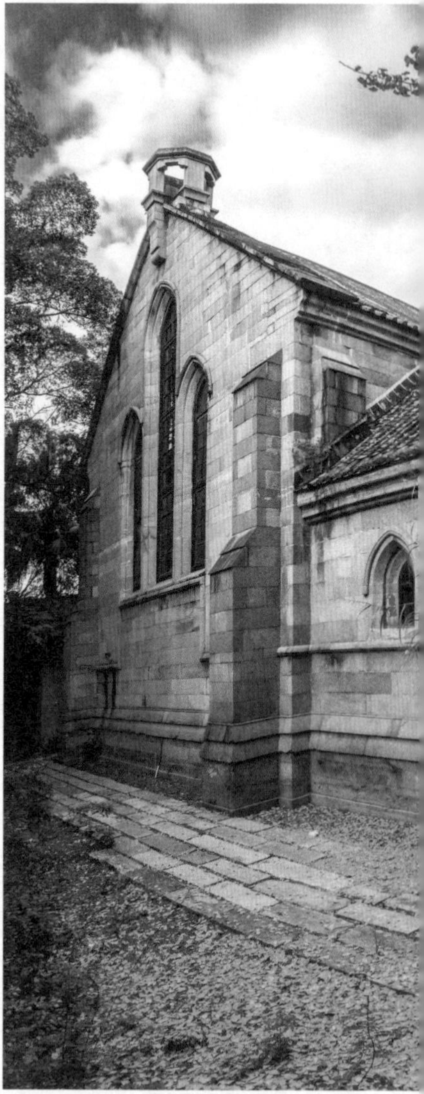

坐落于闽江之畔的烟台山是诗意的。正如叶圣陶先生所描述的那般，这里“一座花园，一条路，一丛花，一所房屋，一个车夫，都有诗意”。这是郁达夫、林徽因、胡蝶也偏爱的地方。走在巷弄间，一路蜿蜒，踩着斑驳的树影，邂逅芳华中的人与事，感受中西融合的文化生活，可谓古典又文艺。冬日里，乐群路上古雅的石厝教堂前，百年银杏叶落一地，两者相映生辉，若一幅金灿灿的油画般，梦幻而浪漫，吸引着无数人前来拍照“打卡”。同时，这里地处福州古城历史文脉中轴之上，曾是福州对外开放最前沿，还是福州版的“万国建筑博物馆”，英、美、法、俄等 17 国曾在此设立领事馆。一幢幢复古的建筑里装满了一个个看不见的年代故事，承载着不可复制的城市记忆，仿佛在向旧时光致敬。

22

明朝留给我们的信物

福州府城墙，建于明洪武四年（1371年），以石砌造，是福州城市变迁的重要见证，民国初年被陆续拆除，现仅剩乌石山麓古城墙、于山脚下的古城墙残段两段和公正古城墙四处明城墙遗存，故而尤显珍贵。

于山戚公祠
经本委于一九六一年九月公布
第一批市级文物保护单位
福州市人民委员会
公元一九六三年十二月 五 日

爱上『福州古厝』从解锁经典开始

福州有四大经典古厝，分别是戚公祠、昭忠祠（马江海战纪念馆）、林文忠公祠（林则徐纪念馆）和福州开元寺。全都去过才不会遗憾！

你知道福州四大经典古厝的“镇厝之宝”分别是什么吗?

戚公祠：《平远台勒功铭》残碑

这块碑是明嘉靖年间汪道昆为纪念戚继光所撰，至今已有 400 多年的历史。

昭忠祠：特建马江昭忠祠碑

碑文为时任福州船政大臣裴荫森于清光绪十二年（1886 年）所题刻，记载了建祠之事宜。

林文忠公祠：御碑亭

该亭建于清光绪三十一年（1905 年），为正方形重檐九脊顶，内立 3 座御赐青石碑。

福州开元寺：千年铁佛

其铸造于五代后梁贞明四年（918 年），冶炼技术、雕塑艺术在当时均属一流水平。

古而不旧，新而不生

经过一段时间的精心规划、保护修复、文化植入，福州市全力打造的 17 个特色历史文化街区，自开放以来，便吸引大众目光，如今更成为各具魅力的福州城市新名片。具体名单如下：

1. 鼓楼区鳌峰坊特色历史文化街区
2. 台江区苍霞特色历史文化街区
3. 台江区南公园特色历史文化街区
4. 仓山区烟台山历史文化风貌区
5. 仓山区梁厝特色历史文化街区
6. 晋安区琯尾街特色历史文化街区
7. 晋安区福建协和大学历史建筑群特色历史文化街区
8. 马尾区船政特色历史文化街区
9. 长乐区和平街特色历史文化街区
10. 福清市利桥特色历史文化街区
11. 闽侯县昙石山特色历史文化街区
12. 闽侯县徐家村特色历史文化街区
13. 连江县温麻特色历史文化街区
14. 闽清县梅城印记特色历史文化街区
15. 罗源县后张街特色历史文化街区
16. 永泰县登高山特色历史文化街区
17. 高新区水西林特色历史文化街区

福建船政，缔造中国近代工业传奇

福建船政所据之地并不大，仅有600亩，但这并不影响其在中国乃至世界所居的显赫之位。中国最早的机器造船工业中心、中国近代最大的造船基地、中国航空业的首创之地、中国近代最早的工业教育大本营，都诞生在这里。这里走出了近代中国第一批饮誉世界的工业科技人才；这里走出的工业精英对后来中国百年工业发挥着恒久的影响；今日中国一批享誉中外的院士，追根溯源都与福建船政有关。

福建船政创办之初，就是为了对抗将中国沦为半殖民地半封建社会的帝国列强的坚船利炮。造舰自然成为首当之要，福建船政也因此成为中国近代造船工业的嚆矢。

作为近代造船工业的先驱，福建船政在造船数量、技术力量、设备配置、技术水平、工艺质量、船式结构诸方面，均有杰出成就。

马江之滨，因为有了船政，注定将成为传奇的盛产之地。中国第一架飞机，没有选择在十里洋场连绵的上海起飞，没有选择在首都北京腾起，而选择在偏居一隅的福州升空。

民国时期，船政更名为福州船政局，归民国海军部领导。1918年初，经北洋政府国务院批准，在福州船政局内设立了中国第一个航空工业机构——海军飞机工程处，下设工厂、学校。首制飞机、培养航空工业人才和飞行员、开展飞机制造科学研究，福州马尾被称为“中国近代航空工业创始地”，当实至名归。

在这里，船政辉煌的篇章从未停止书写。

福建船政同治拾年

郑和出海的帆，从这里扬起

地处东南沿海的福州，因为得天独厚的海域优势，曾书写过海上交往的传奇——郑和下西洋，推动“海上丝绸之路”达到全盛时期。郑和乘坐“宝船”穿越海路，在海上丝绸之路上来回航行 30 年，最远抵达非洲东海岸，无限风光。而福州长乐的太平港，正是郑和七下西洋的重要基地。

当时，福建的航海、造船等技术都领先于世界。郑和下西洋的海上通道是由闽人开辟的，大部分海船也是在福建制造的，船员多闽籍。福建人民所创造的海洋文明，包括海神信仰、海洋贸易、造船技术、航路网络、航海技术等，都表明福建是中国乃至世界海洋文明的发源地之一。

你想要的生活，
福州这个小镇都有！

在福州长乐的东湖数字小镇可以玩什么？是乘坐双层豪华游艇环湖？还是扬帆起航，乘风破浪？这里左手东海，右手东湖，趣味玩法超级多！

你不仅可以在豪华游艇上一边喝茶、吃点心，一边看风景，还能拍出许多美美的照片！半个小时环湖时间刚刚好，与朋友在船上畅聊人生，好不惬意！

你还可以在专业教练的指导下感受惊险刺激的河谷风洞飞行，体验被气流吹上天空的惊心动魄。

同时，这里的滨湖集市，那也是你绝对不能错过的网红打卡点！每逢周末，此处便格外热闹，整条街上遍布各种吃喝玩乐的摊位，一路逛下来，整个人仿佛回到了无忧无虑的童年时代。

此外，东湖数字小镇还面朝着 15 平方公里的“东湖湿地公园”。其水域面积是杭州西溪国家湿地公园的 1.3 倍！这里还规划有 12850 米的环湖步道，也是福州最长的环湖步道。漫步东湖之畔，碧波万顷，凭海临风，来一杯咖啡、一份生鲜日料犒赏味蕾，让生活之美尽情绽放！

儒 文化

孔庙作为专祀孔子的庙宇，是中华民族永恒的文化圣殿。建庙祀孔，代表的就是一种文化精神。

看，古人的精神圣地

在福州市区中心著名的乌塔与白塔两塔之间，有一条圣庙路，路虽不长，却有一座四周朱红色围墙、气势不凡、远近显眼的古建筑群坐落于此。那就是福州文庙。

福州文庙的形成可分为几个阶段：其始建于唐初，初期只是一庙一殿；至唐中期，其从城西北迁至今址，规模扩大，迎来第一次大发展；宋代是其快速发展时期，北宋初期重修，实行庙学合一，规模不断扩大；南宋是其发展的鼎盛阶段，规模达到顶峰，号称“东南最盛”；明清时期，其规模虽有所缩小，但基本格局已经形成。

福州文庙经过多次修建后，更气势宏伟。庙门口矗立着一座石碑十分醒目，碑上用满汉两种文字书写着“文武官员至此下马”几个大字，仿佛在诉说着曾经的显赫、庄严和肃穆。

踏进棂星门，白玉堆砌的泮池与泮桥映入眼帘。泮池与泮桥是文庙区别于其他寺庙的特征。古时候，学生入学称为“入泮”，泮池称“墨池”，泮桥称“步云桥”。泮桥如彩虹卧于泮池上，有步步高升之寓意。但在当时，只有获得举人以上功名的读书人才有资格走过泮桥，所以，泮池、泮桥是读书人荣耀的象征。

作为福州市区现存最大清晚期官式建筑，福州文庙主体建筑大成殿具有清代古朴典雅的特点，建筑用材硕大，保存完好。大成殿、藻井、月台都体现出鲜明的本地特色，极富艺术价值。

如今，我们面对先师孔子，仍然有着同样的景仰，在文庙中逗留越久，就越生出“仰之弥高”的感慨。

一个超高配置的艺术殿堂，别的不说，眼福管够！

如果说要用一个城市建筑来定义福州的婉约优雅、宏达风骨，我想非福州人的文化新地标——福州海峡文化艺术中心莫属。这个福州版『悉尼歌剧院』，历时三年建造，是福建省首个正式落地的PPP项目，揽获了中国建设工程鲁班奖（国家优质工程）、亚洲设计大奖特等奖、巴黎设计奖金奖、第十四届美国IDA国际设计大奖（建筑设计类别）银奖和罗莎芭芭国际景观双年展优秀奖等国内外顶尖建筑设计大奖。其以『五片帆、一朵花』为理念，从高空俯瞰，犹如一朵巨大的茉莉花在闽江之畔绽放着，极具梦幻效果。

TIPS

官网：www.fzhxwhyszx.com
电话：0591-62627666
地址：福州市仓山区南江滨东大道
（福州地铁梁厝站附近）

它还是那个它，福州的“商圈一哥”

东街口作为福州的名片之一，是福州最著名也是最早的商圈。它不仅见证了无数往来商客的起起落落，还承载着老福州一代又一代的记忆。

东百中心
DONGBAI CENTER
山水大酒店

快来与梦想撞个满怀

梦想，是遐想，是翩然，亦是手心里紧握的倔强，能将无数念想酝成佳酿。以“文化与创意”为价值加乘的城市艺文空间就为创客们提供了一个优质的交流互鉴平台，文创爱好者们可以在此进行深度互动，分享各自的文创理念，展示最新的文创成果。通过不懈创新、文创融合，旧厂房被改造成各种商店甚至产业园区，配以符合现代人审美的装饰和布景，并融入植物、宠物、美食、音乐等生活休闲元素……就这样，福州的一个个文创 IP 生态圈诞生了。话不多说，文艺 boys and girls，快来一睹福州文创产业的活力与风采，与梦想撞个满怀吧!

文

创

+

就爱你灵魂有火

创客时代，我们的时代。你准备好和我们一起拥抱它了吗？

时光

都记得

1949

1997

2008

1949　8 月 17 日，中国人民解放军进入福州城，福州宣告解放。

1997　香港回归祖国，福州市民自发涌上五一广场，庆祝这个重要的日子。

2008　5 月 11 日，福州迎来奥运圣火，整座城市都沸腾了。成千上万的民众在传递起跑仪式地点——五一广场周围聚集。

多少才人启后昆

福州的自信和底气源于何处？言语也许会骗人，但实力不会。福州，素有『海滨邹鲁』之美称。从历史到今天，这里涌现出无数名人志士，可谓群英荟萃。正是先贤在漫长时光中不断地奋斗和积淀，才给后人留下了无比珍贵的文化遗产和精神财富。

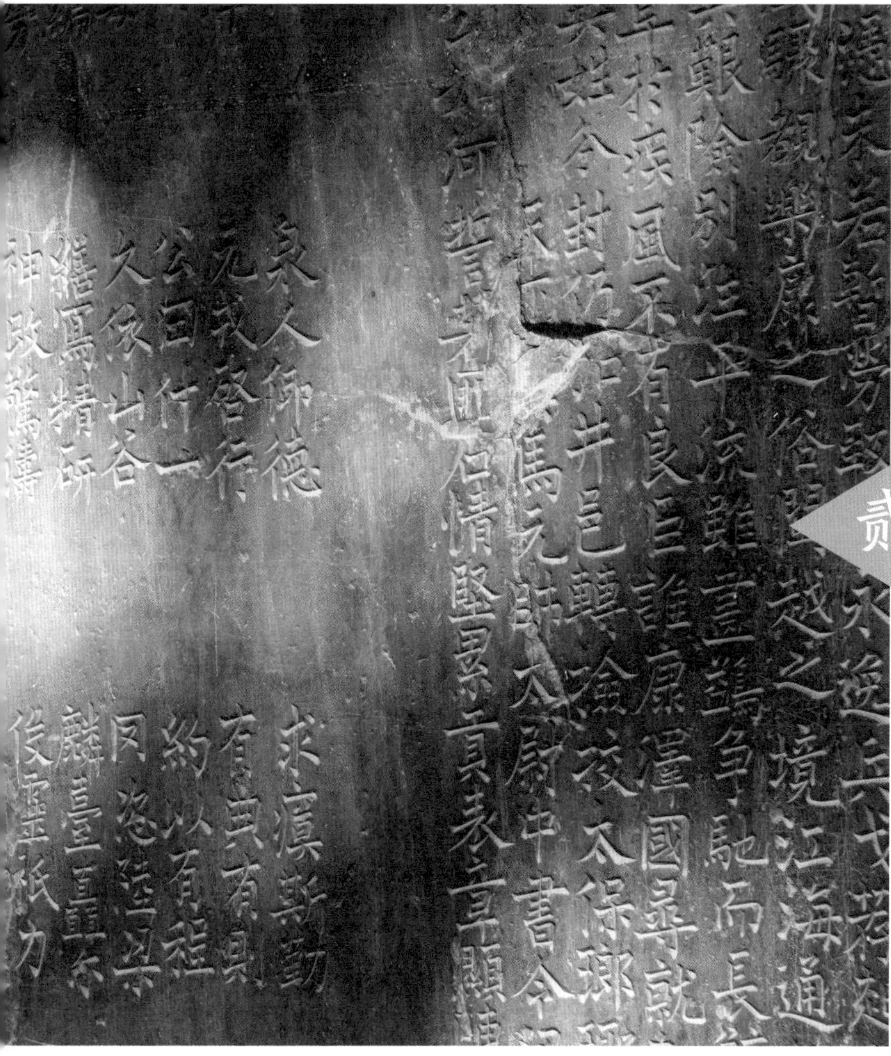

贰◎

一起隔空表白我们的民族英雄

海纳百川，有容乃大。壁立千仞，无欲则刚。

林则徐

林则徐，清代著名的政治家，曾经主持中国禁毒史上标志性的事件——虎门销烟，并领导军民与英军坚决斗争，被誉为“民族英雄”。

他也是清代著名的思想家，主张学习西方科技和文化的优点，并主持翻译西方报刊和书籍，被称为中国“开眼看世界第一人”。

他还是清代的著名诗人，“苟利国家生死以，岂因祸福避趋之”的名句激励了一代又一代中国人为国家富强奋斗不息。

他更是一位出色的水利专家，曾在江浙地区主持过水利兴修工程，对黄河、长江的长久开发做出了突出贡献。

林则徐的一生坎坷不平，跌宕起伏。他为官 30 余年，历官 14 省，不论顺境还是逆境，都以国家和人民利益为重。他思想开明，眼界开阔，有着向西方学习的积极态度，这也使得一生从未踏出国门半步的他，成了促

进西学东渐风气的支持者。

林则徐的“开眼”主要体现在两点，一是设立了翻译馆，开先例地聘请洋人工作，以此来了解外国消息。与此同时，他还广泛收集外文报纸，并将其翻译成中文，为当时的禁烟工作和日后的战事提供重要情报。二是在翻译馆成立以后，亲自将英国人慕瑞写的《地理大全》翻译、润色，编成《四洲志》，这也是当时中国第一部较为系统介绍世界地理的著作。后来，林则徐又邀请好友魏源在《四洲志》基础之上，再稍加润色、扩充，最终编撰成100卷的《海国图志》。我们今天耳熟能详的那句“师夷长技以制夷”便出自此书。

如今，在福州林则徐纪念馆和福建省博物馆广场等地，都竖立着林则徐的雄伟雕像。站在林则徐雕像前，人们会忍不住回想起180多年前他的这些辉煌业绩。

西学泰斗——严复

严复（1854—1921），近代中国系统地介绍、传播西方政治学说和思想文化制度的第一人。1895 年至 1898 年，严复翻译英国哲学家赫胥黎的《天演论》，从“物竞天择”“适者生存”的生物进化理论阐发其救亡图存的观点，警醒国人奋发图强，一时风靡全国，被誉为“中国西学第一人”。

TIPS

严复等中国首批海军留学生在英国格林威治皇家海军学院门口合影留念。

时至今日，严复的科学与爱国思想仍不过时

孙中山先生曾对他说：“君为思想家，鄙人乃实行家也。”毛泽东同志曾说他“代表了中国共产党出世以前向西方寻找真理的一派人物”。习近平同志评价他是“中国近代思想文化史上里程碑式的巨人”。李克强同志高度评价他“学贯东西，是第一批‘放眼看世界’的中国人。……同时，又葆有一颗纯正的‘中国心’。每个中国人都应该记住他”。他，即严复先生。

严复先生一生译著相当丰富，有为国人带来新视野、新思想的《天演论》《原富》《群学肄言》等，还有启迪民智的《论世变之亟》《救亡决论》……他不仅第一次对中西文化进行了广泛的沟通和比较，也第一次在中西文化比较与结合中提出了诸多有价值的见解。

位于鼓楼区郎官巷西段的严复故居，是先生离世前最后居住处。这座典型的清代福州古民居建筑群至今依然保存完好。

历史是一个民族的记忆载体，一个生生不息的民族必然善于总结历史、资鉴先辈。严复思想体系，不但孕育了民主革命的先驱者，也哺育了一代又一代满怀“富国强民”抱负的后来者，严复先生无疑是每个中国人都应该记住的近代史人物！

林旭

林觉民

吴石

我自横刀向天笑，去留肝胆两昆仑

傍晚的三坊七巷少了嘈杂和人间烟火，显得特别幽静，幽静中又多了份沧桑的气息，飘荡在摇曳的微风里。

走出郎官巷的林旭，走出杨桥巷的林觉民，走出宫巷的吴石……信步在巷里，历史就在身边，这些英雄豪杰将家国情怀和无畏牺牲的精神永远铭刻在历史的丰碑上。

【戊戌君子——林旭】

林旭是戊戌变法中最年轻的一位志士，出身举人，是康有为的弟子，去世时年仅 24 岁。回望那段历史，是他们用自己的鲜血唤醒愚昧的国民，从此，想要国家富裕强大的愿望深深扎根在更多的人心中。

林旭好诗文，满身才华的他，最后只留下一部著作《晚翠轩诗集》，供世人凭吊。

【辛亥革命先驱——林觉民】

辛亥革命留给历史的一长串名字中，写下《与妻书》的林觉民是特殊的一个。他被怀念、吟咏至今。

“意映卿卿如晤：吾今以此书与汝永别矣！吾作此书时，尚为世中一人；汝看此书时，吾已成为阴间一鬼……”他用最深情的文字，向世界告白，向挚爱的人告别。

【虎穴忠魂——吴石】

这位螺洲人，是中国共产党打入国民党内部的最高情报官，著名谍战片《潜伏》中“余则成”这一形象就是以他为原型创作的。1950 年，他牺牲时，他的公开身份为“中华民国国防部参谋次长”。直到 1973 年，他才被公开追认为“革命烈士”。甚至毛泽东同志都曾为他写下感人诗篇：“惊涛拍孤岛，碧波映天晓。虎穴藏忠魂，曙光迎来早。”

她们，从坊巷深处走来

前人曾夸赞福州城里的女人们读书、作诗的风气之盛，用『闺门弦诵，比屋相闻』形容才女们的吟诗和唱，一点也不为过。其中赫赫有名的三大才女：一身诗意千寻瀑，万古人间四月天的一代才女林徽因；内心纯净不含杂质，与爱心同行的冰心；自比狡兔三窟孟尝君，灵魂却无处安放的庐隐。

林徽因

胡适先生说，林徽因是一代才女，风华绝代。单从文学方面的成就，她不如张爱玲、庐隐、萧红，但她有着自己鲜明的特点，集文学与建筑学的才华、知性又时尚的美貌，外表温婉内心热烈于一身。

这首诗就像写她自己：“冬有冬的来意，寒冷像花，——花有花香，冬有回忆一把。……寒里日光淡了，渐斜……我在静沉中默啜着茶。”

如果说有谁在漫长的一生中始终拥有一颗如冰雪般晶莹剔透、不染丝毫杂质的心，那么这个人就非冰心莫属了。1900 年出生于福州长乐的冰心，当之无愧地成为中国当代最著名的诗人、作家、翻译家之一。

“爱在右，同情在左，走在生命路的两旁，随时撒种，随时开花，将这一径长途，点缀得香花弥漫，使穿枝拂叶的行人，踏着荆棘，不觉得痛苦，有泪可落，也不是悲哀。”这就是冰心一生的哲学。

冰 心

李大钊曾经评价庐隐：“她那顽强的反抗精神是可贵的，如果用于革命多好啊！”

在“五四”女作家中，庐隐是创作小说最多的一位。在她短暂的创作生涯中，她以旺盛的热情笔耕不辍，留下了大量小品文、游记和杂文等。虽然庐隐主观上是要求前进的，也具有巾帼不让须眉的气质，但在那个旧时代，她毕竟是一个势单力薄的弱女子，对现实的认识是模糊的，因此她找不到希望，最终带着对人世间的失望而魂归天国，去寻找她理想中的庐山隐。

庐 隐

侯德榜：中国人一个世纪的骄傲

对于侯德榜，大部分人的印象可能只有当年化学课本中提到的“侯氏制碱法”。殊不知区区 5 个字，竟包含了一个国家几十年的屈辱和一位科学巨擘数十年的艰辛。

1890 年，侯德榜生于福建闽侯县坡尾村，祖父希望他读书修德、荣登金榜，故取名“德榜”。他本人也不负这个名字，成了中国近代化学工业的奠基人和世界制碱权威。

第一次世界大战结束，许多民族企业纷纷倒闭。英国的卜内门公司仗着占据中国市场，把纯碱的价格抬高到平时的六七倍。1921 年，侯德榜放弃了国外优秀的学术环境，回到衰贫的祖国，走上了一条艰难创业的中国制碱之路。侯德榜揭开了苏尔维法的秘密，发明了中国人自己的制碱工艺——侯氏制碱法，改进了碳化法氮肥生产流程，为中国化工工业做出了不可磨灭的贡献。侯德榜生产的“红三角”牌中国纯碱在美国费城举办的万国博览会上获得金质奖章，被誉为“中国工业进步的象征”。此外，他还写下《纯碱工学》等专著，揭开了纯碱生产的秘密。美国的威尔逊教授称这本书是“中国化学家对世界文明所做的重大贡献”。

中国有一千个陈景润就了不得了

他被称为“痴人”“怪人”，也被誉为“哥德巴赫猜想第一人”。在一间 6 平方米的小屋里，耗去 6 麻袋草稿纸，他攻克了世界数学难题“哥德巴赫猜想”中的“1+2”……心无旁骛、痴迷研究，他曾说：“时间是个常数，花掉一天等于浪费 24 小时。”

陈景润瘦弱的身影，几乎凝聚了全世界数学家关注与倾慕的目光。他与祖冲之一道成为并立于世界舞台上的中国数学奇才。

他是新中国培养起来的第一代数学家，他研究的哥德巴赫猜想和其他数论问题的成就，至今仍然在世界上遥遥领先。美国学者阿威尔曾这样称赞他：“陈景润的每一项工作，都好像是在喜马拉雅山山巅上行走。”他所取得的成绩、他所赢得的殊荣，为千千万万的知识分子竖起了一面旗帜，召唤着亿万青少年奋发向前。

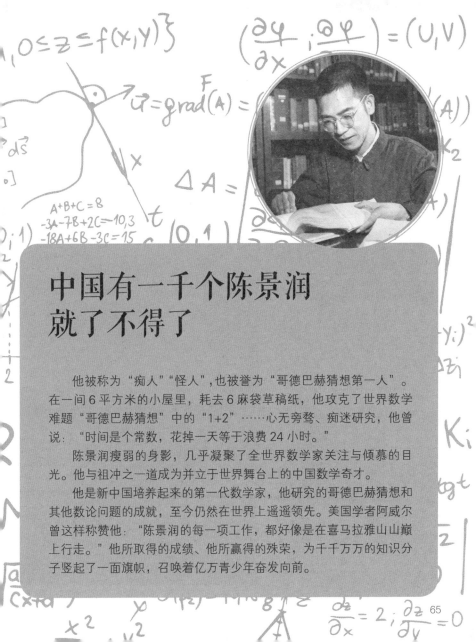

一土一物皆风情

这里是福州，目之所及，皆是美好。这里的风物多奇妙，藏着诸多智慧与感动。这里的『非遗』甚惊艳，满载城市活力和生活美学。你心动了吗？赶快来福地，赏福乐，识福匠，品福韵，见福人，开启『接福气』的探索之旅吧！

叁◎

游神，是难以忘却的乡俗

长乐古称吴航，是闽人最早造船的地方。

长乐的龙门村每年要举行的清醮庙会活动，至今已经有 700 多年的历史了，被列入福建省非物质文化遗产名录。游神期间，家家户户摆宴席、设香案、供奉五灵公，同时还需要造彩船、送鬼魅恶煞等等。五灵公是福州一带的乡土保护神，专为阳界驱瘟除疫，保境安民。

人们在祈求平安的同时，也借着食物来沟通乡村邻里的感情。在觥筹交错中，在孩子的嬉闹中，在闽剧戏班子咿咿呀呀的酬神演出中，“家家扶得醉人归”。

请到我老家“做半旦”

“做半旦”其实是“做半丈”。“半丈”即“五尺”，“五尺”在福州方言里是“有吃有喝”的谐音。“做半旦”的民俗主要流行于原来的闽县、侯官县两县，现流行于福州长乐、晋安、马尾、仓山及闽侯全境。“做半旦”的目的，除庆祝丰收外，还为庆祝各村的先祖“神诞”。福州民间对“做半旦”这一民俗的重视程度，不亚于春节、中秋节、端午节等其他传统节日，几百年来，这个传统习俗从未中断过。

道路千万条，孝道第一条

中国有句老话：百善孝为先。应当说，孝顺是一种觉悟，绝非负担。有时候，老人们需要的更多是精神上的关爱和慰藉，送几碗糍或粥，甚至打几个电话……这些很小的事情，都能让他们温暖许久。福州地区就有两个非常走心的“孝顺节”，值得我们细细采撷，毕竟“人之行，莫大于孝”嘛。

拗九节

每年农历正月廿九是福州特有的传统节日——“拗九节”，又称“孝顺节”“后九节”“送穷节”。在福州人眼里，逢“九”之年是个坎年，是不好过的。“九”分为“明九”和“暗九”。“明九”，指的是人虚岁年龄带“九”；“暗九”，即人虚岁年龄是九的倍数。这天，遇到家中父母长辈年龄有“九”时，子女们都会给他们送去甜甜糯糯的拗九粥、太平面等，唯愿他们诸事周全。

冬至

冬至又称“冬节”，民间素有“冬至大如年”的说法。在南方，冬至这天一般要吃汤圆，寓意团团圆圆。而全家人围坐在一起搓糍、吃糍则是福州人过冬至的重要习俗。冬至除了是福州传统的“团圆节”，还是福州的“孝顺节”。这天，出嫁的女儿会做糍送回娘家，以表孝心。

人生最忆是儿时，儿时最忆是童谣。福州人从小哼到大的冬至童谣来啦！福州人冬至搓糊『回忆杀』走一波儿：

搓糊齐搓搓，
依奶疼依哥，
依哥讨老婆，
依弟单身哥。
搓糊齐搓搓，
年年节节高，
大人添福寿，
伲囝岁数多。

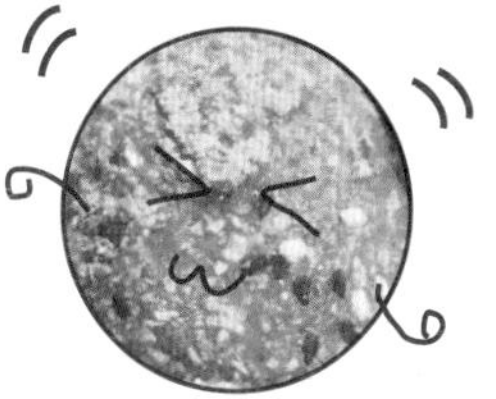

以搓为敬，
守候团圆。

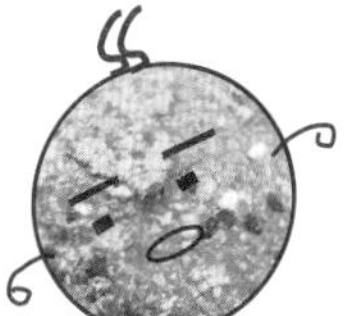

喜娘

福州喜娘，琴瑟唱彩

中国人传统的浪漫是“在天愿作比翼鸟，在地愿为连理枝”，而最能表达中国人情意的，莫过于一场浪漫热烈又不失含蓄的传统婚礼了。

古时，结婚一般把时辰放在黄昏，有阴阳交替有渐的意思，故称“昏礼”。在婚礼上，亲迎对拜、解缨结发、执手盟誓……让人心生美好。而在福州的婚礼中，还有一位特别的人，她通晓礼仪，精于安排，她就是“喜娘”。

说起喜娘，历史可追溯到周代，是指男家在举行婚礼时所雇请的通晓礼仪的妇女，是中式传统婚礼中推进婚礼程序和渲染婚礼气氛的重要角色。在北京，喜娘被称为“迎亲太太”；在浙江，被称为“喜阿妈”；在福州，又称“伴房嬷”。

“妹啊妹，做人媳妇，听人嘴，一头虾米咬三口；一把大麦洒伞前，我妹选的姑爷出人前……”

如今，在福州人的传统婚礼上，依然需要一名生活经验丰富且家庭和谐幸福的喜娘活跃现场。作为喜娘，她不但要察言观色和随机应变，还要会主持和表演，陪护新娘，为她说好话，教新婚夫妇各种礼节，在客人闹洞房时为新人巧言解围。

而这喜娘文化中最有特色的，莫过于喜娘的“喝彩”文化。喜家们在婚礼现场的心情，其实是复杂的，喜娘的作用也在这里，要控制气氛走向，越热烈越好。那些吉祥话、溢美之词随口而出，其中保留了大量福州俚语和典故，平仄押韵，舌灿莲花，婚礼现场常常是喜娘喝彩，宾客们叫好，好不热闹。

一代代喜娘文化传承至今，通过喜娘文化，福州人最希望看到的是在遥远的未来，传统婚礼的仪式感依然存在。

◆六座全国重点寺院◆

涌泉寺

既为『闽刹之冠』，也是『中国第一法窟』，以藏经、藏版闻名国内外。其位于鼓山半山腰白云峰麓，有『进山不见寺，进寺不见山』的奇特建筑格局，沿途更有众多崖壁石刻。

西禅寺

其位于福州市西郊怡山之麓，门坊名冠全国最大。寺内玉佛楼里的两尊缅甸大玉佛（一坐一卧）、国内最高的石砖塔——报恩塔，以及镇寺之宝——宋荔等都颇具看点。

林阳寺

其坐落于北峰桃枝岭瑞峰山麓，以历史悠久、高僧辈出、文物丰富而著称于世，是福州市现存古刹中最古老的寺庙之一。寺内一梅园美名远播，梅开时节，美不胜收。

地藏寺

其坐落于金鸡山麓，因山势而建，渐进渐高，是福建省著名的尼众丛林，传承禅宗之曹洞宗。殿堂布局匀称，古朴雅致，寺内主要建筑有地藏殿、大雄宝殿、达摩祖师殿、伽蓝殿等。

崇圣寺

其位于福州市闽侯县雪峰山麓，又称『雪峰寺』，是禅宗流派云门宗、法眼宗的发源地，为江南五山十刹之一，素有『江南第一丛林』之称。

万福寺

其位于福清市渔溪镇黄檗山，是日本黄檗宗的祖庭，也叫『黄檗寺』。这座有着千余年历史的唐风古刹，名僧辈出，在中日佛教文化交流史上占有重要的地位。

今天，你佛系了吗？

TIPS

这里是福州，全国重点佛教寺院最多的城市。值得一提的是，在福州西郊乌龙江心的一块小石阜上，坐落着福州市唯一的水中寺——金山寺。其四面傍水，因限于地形而小巧玲珑，佳景天然，在福建省寺院中独具一格。

在福州，陈靖姑为什么能这么火？

福建，自古以来，就是神仙的家园、神话的故乡。在众多神灵之中，最受瞩目的，有三位法力无边的女神，以出场先后为序，依次为：远古时代的太姥娘娘、唐代的临水夫人、宋代的妈祖娘娘。

其中，生活在闽江流域的临水夫人陈靖姑，是老百姓心目中的妇幼保护神。有关陈靖姑的神话传说，是福建民间文学的一大瑰宝。有相当一部分故事，被清代乾隆年间一个名叫“里人何求”的文人编入《闽都别记》一书。该书记载了陈靖姑为地方除妖灭怪，以及保护妇女儿童的故事。

每年的闽台陈靖姑民俗文化旅游节上，数千信众前来，陈靖姑文化也随之成为闽台两岸文化亲缘的重要桥梁。

大家这才恍然大悟：人们对临水夫人的崇拜与信仰，是祖祖辈辈海峡两岸人共同的文化记忆。

请随我一品榕树下的粉墨春秋

闽剧又称福州戏，列入首批国家级非物质文化遗产名录，是现存唯一用福州方言演唱、念白的戏曲剧种。在福州的街头巷尾，或许你会看到一群闽剧艺人着罗衫、挥轻袖，唱着人生五味。当代很多人其实是把戏曲排除在自己的生活之外的，但倘若你有机会接触时，请不要轻易拒绝，相信除了声色之娱，一睹闽韵风华还会带给你别样的触动。

《荔枝换绛桃》

这是一部撼人心肺，结合了福州当地风俗民情的中国式悲剧，被誉为福州版“罗密欧与朱丽叶”。这一闽剧经典剧目讲述了古代福州城一对情投意合的男女，以荔枝和绛桃定情，而后又双双焚火殉情的爱情故事。

《杨门女将》

这出戏以老旦、刀马旦为主演，剧中全面呈现了“唱、念、做、打”技巧。该剧讲述了宋朝元帅杨宗保中暗箭阵亡，噩耗传来，举家悲痛，朝廷却欲割地求和，佘太君率孀居的儿媳、孙媳和重孙文广，穆桂英担任先行官，奔赴边关抗敌救国的故事。

《贻顺哥烛蒂》

一说起闽剧人物形象，想必熟悉闽剧的老戏迷们脑海里率先想到的便是“贻顺哥”。这贻顺哥吝啬成性，有“福州版葛朗台”之称。作为取材于福州民间故事的闽剧传统讽刺喜剧，该剧讲述的是贻顺哥怎样娶妻，又怎样失去妻子，最后只得到一截烛蒂的故事，鲜活生动，令人捧腹，深受观众喜爱。

想把福州说唱给你听

如果说闽剧是高大上的“大家闺秀”，那么福州的评话、伬艺就是邻家后院的“小家碧玉”。伬艺和评话，可以说是福州传统曲种的姐妹篇。它们小巧玲珑，不需要豪华的舞台，也不依仗强大的演出阵容，只要给一个庭院、一片空地或一个能放得下一桌一椅的地方，就可以开唱、开讲了！

评话

在老福州有一个场景大家是非常熟悉的：澡堂里，几十张竹制躺椅排开，正前方是一桌一椅，评话先生正在手舞足蹈地讲评话。

福州评话秉承了唐宋说书艺人“打野呵”的传统，演出形式灵活简便，以高台演出为主，书场演出为辅。只要东家有请，评话艺人提着小伬篮，内装醒木、折扇、铙钹、箸等简单道具，不论是街头、广场、厅堂、屋前，哪里都可以是舞台。

此外，福州评话还是福州方言的一座宝库，储藏了老祖宗留下的福州口头语、俗谚和特殊语法结构的语词，福州人听了无不会意一笑。

伬艺

伬艺用福州方言说唱，以唱为主，间有说表，也有以三弦、月琴、低胡作伴奏的，保留了宋元曲艺贴近群众的“百戏”遗风，一树多枝、形式多样、声腔多元化。福州伬艺传承至今几百年，保留曲目百余本，在福州方言区域内受众面广，在海内外福州籍华人聚居地影响深远。

挑一个细雨蒙蒙的时分，到乌山脚下古色古香的会馆里，欣赏一场由福州市曲艺团精心打造的大型现代题材福州曲艺《风雨苍霞人》或十番伬《秦楼月·春回坊巷》，从最美乡音中感受乡情，领略国家级非物质文化遗产——福州评话、福州伬艺的无穷魅力吧。眼前亭台式的舞台错落有致、灯笼高挂，台下的观众坐在仿古圈椅、高背椅上，茶几上放着用青花瓷泡着的茉莉花茶，人们边喝茶，边欣赏，好不自在。

十番音乐，福州local“交响乐”

福州有一种流传数百年的本土“交响乐”，叫作“十番音乐”，在清朝至民国时期非常流行。

因为这种“交响乐”需要用到十种以上的乐器演奏，所以被叫作“十番音乐”。

又因为这种音乐演奏起来十分欢乐，所以也叫“十欢音乐”。

十番音乐大约起源于元代，据传开始是用来为舞龙灯伴奏的。后来，舞龙灯用锣鼓伴奏，十番音乐便独立出来成为一种音乐了。

十番音乐最具特色的是它所用的乐器：大小钹、大小锣、狼串（即朝鲜鼓）、清鼓、横箫、二胡、椰胡、逗管、云锣、笛子等。当这十余种乐器一起演奏时，风格粗犷热烈，又不失优雅。这是穿透福州城几百年而来的声音，是能令人悲喜交加的灵魂之声。

让一让，“天遗瑰宝”来了！

瑰宝天生剧有情，寿山举世早知名。寿山石，居中国四大国石之首，因产自福州寿山而得名，是一种不可再生的珍稀矿物，至今已有1500 多年的采掘历史。寿山石一般可分为田坑石、水坑石、山坑石三大类。目前已发现的石种有 100 多种，占据绝对 C 位的有“石帝”田黄石、“石后”芙蓉石等。其天资瑰丽，色彩斑斓，质地莹润，纹理丰富，自古以来深受国内外人士喜爱，极具收藏价值和艺术价值。

寿山贞珉，岂惟秀色可餐，其丽质弥足珍视者，盖有五焉，曰润、曰灵、曰莹、曰嫩、曰腻。

我们的三大传家宝，了解一下！

来福州，你若不和闻名遐迩的“福州三宝”打个照面，一定会意难平。

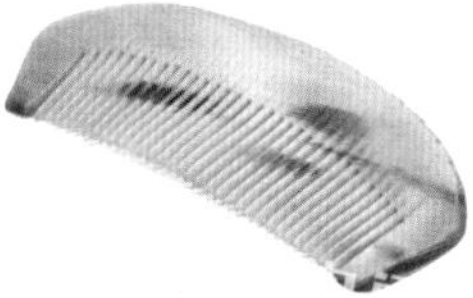

脱胎漆器

福州是中国最著名的脱胎漆器的产地。福州脱胎漆器与北京景泰蓝、江西景德镇瓷器并誉为“中国工艺三宝”。值得一提的是，福州脱胎漆器作为脱胎技艺同髹漆艺术相结合的产物，制作颇为不易，得经过几十甚至上百道工序，一器之成往往需要数月。故而，其贵为时间的精美艺术。

牛角梳

福州人喜爱用牛角梳。至今，福州至少已有 700 多年的牛角梳使用历史。福州的牛角梳制作工艺精湛，造型精美，品质优良，经久耐用，在国内外享有盛誉。中国文学大家郁达夫先生就曾发出赞叹：“福州女子有此宝物格外标致起来，女子美的水准竟高过苏杭女子数倍，像是希腊古代的雕塑人形！”其中的“宝物”,指的正是牛角梳。

油纸伞

伞是人们日常生活中一个少不了的物件。其中，油纸伞，这一从戴望舒的《雨巷》中走出的昔日“国伞”，在福州有着不可撼动的江湖地位。福州的油纸伞，品种繁多，色彩斑斓，做工精细，闻名全国，远销海外。据有关资料记载，福州的纸伞工艺技术是唐末五代王审知率兵南下入闽、建立闽国后，由中原和江浙一带传进来的，距今已有 1000 多年的历史。

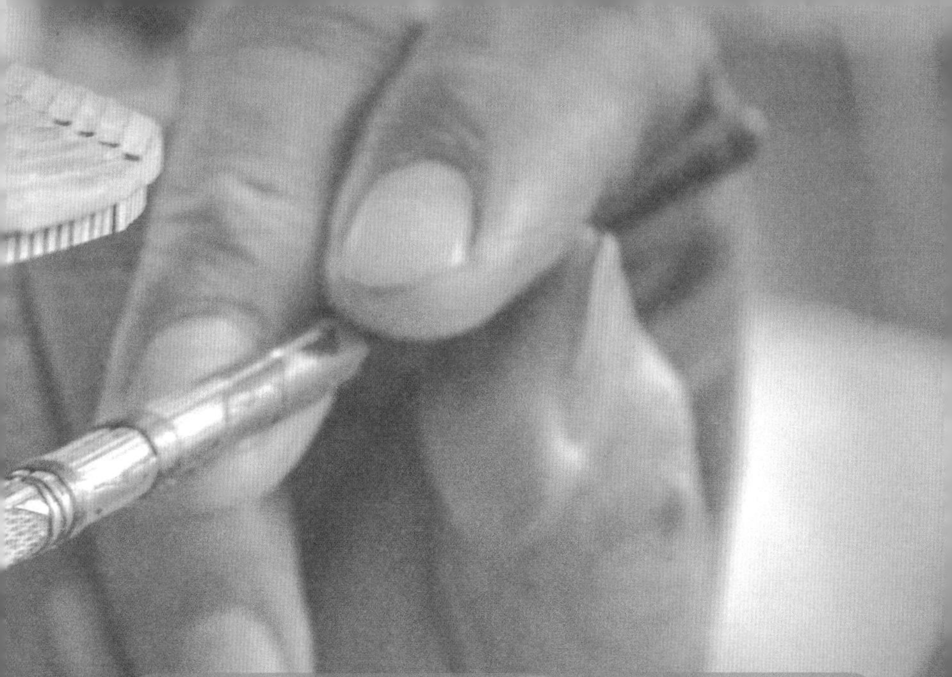

欢迎有“眼”技的你

软木画是中国传统民间雕刻工艺品，主要产于福州。福州软木画形成于 20 世纪初，发源于福州市晋安区新店镇西园村，有着“东方艺术珍品第一奇画”的美誉。这一国家级非物质文化遗产，一笔一刀，一榫一卯，皆具匠心。其以从西班牙、葡萄牙和阿拉伯等地进口的栓皮栎树的木栓层软木为原料，制作时先将这种软木切削成薄片，而后运用各种传统雕刻技法，以刀代笔，精雕细镂，形成纹理纤细的复杂画面，再点缀以具有民族风格的亭台楼阁，同时利用画框内的有限空间营造景物的立体化效果，可谓“丛山数百里，尽在一框中”。

枯木逢春，刻出精妙大世界

木根雕是福州特色工艺之一，能于雕琢之间化腐朽为神奇。在木雕界，长久以来流传着这样一种说法：中国木雕看福建，福建木雕看福州。福州木雕早在唐宋时期就已经出现，至明末清初发展达到鼎盛，并逐渐形成了象园、大坂、雁塔三种流派。

他年我若修花史，列作人间第一香

茉莉花是佛教四大圣花之一，在2000多年前的汉朝随佛教传入福州。古人认为茉莉玉骨冰肌，有淡泊名利之意，乃国色天香中的“天香”。宋代诗人江奎曾赞曰：“他年我若修花史，列作人间第一香”。自古福州的茉莉花茶就驰名中外，为什么这里的茉莉花茶特别好喝？它又有什么特别之处呢？这就要从茉莉花茶的窨制技艺说起了。

茉莉花茶的原材料取自精制的绿茶茶坯和福州盛产的优质茉莉花。窨制茉莉花茶，要花一层，茶一层，过程中要醒花、通花，不能让花闷着，花闷了，茶味也会闷。制茶人必须时刻感觉花茶内部的温度，温度过高就得散热，让茉莉花恢复生机、继续吐香。

一次窨制，不是终结，一般窨制一次后，茶叶筛分出来要静置六七天，再进行多次窨制，直到茉莉花的芳香物质被茶完美吸纳，将主导苦味的茶多酚分化，蛋白质分解为氨基酸融入水中，这才成就了茉莉花茶的冰糖甜。浪漫的茶事于是经历了华丽蜕变。

俗话说：“凉水泡茶慢慢香”，茉莉花茶不仅制作的时候娇贵，喝的时候也要温柔对待，将80度左右的水缓慢冲入茶碗，等茶味慢慢释放出来，待一道道滋味变淡后，再用高温水冲泡，否则一下子就会把茶泡“死”了。

茶如人生，每一抹茶香，都写满故事；每一片茶叶，都蕴含着文化。

七溜八溜，不离“虎纠”！

无乡音，不“虎纠”！

Shall we talk ?

一口流利标准的福州话走起！

担心因为讲话满满福州腔而被调侃普通话说得不标准？其实大可不必。要知道，福州话可是中国古汉语的“活化石”，一个会讲福州话的人，也许天生就是位古汉语专家呢！更重要的是，榕腔里还藏着福州无法复刻的城市精神。如果你想要更好地了解福州，学几句地道的福州话还是很有必要的。朋友们，请收好下面这份接地气版福州话口语速成讲义，助你在此一路打怪升级，轻轻松松就能解锁福州话！

福州向你喊话啦！

你好～女吼	不懂～咩白	吃午饭～歇倒
厉害～丫霸	不要～印乃	吃晚饭～歇慢
很好～牙噢	快点～卡立	虾油～哈右
好看～丫肿	玩耍～咔溜	大爷～依拔
好吃～吼咧	看书～康居	大娘～依姆
好热～雅椰	谢谢～夏凉	大哥～依锅
白天～哩咚	没事～抹赖也	大姐～依贾
晚上～蕨（mān）摸	打电话～爬电娃	爸爸～依巴
明天～闽览	来得及～啊吼	妈妈～依妈
没错～酱蕾	很棘手～丫歹	阿姨～衣赤
知道～阿白	吃早饭～歇贾	老师～新囡（nān）

学会了，你也很福州！

山眉水目自清新

好生态自有好福气。这里是福州，一座自带福气的城市，分分钟带你亲近自然。在这里，你可以尽享生态福利。一座特色的山水城市，风景秀丽，闽江穿城而过，温泉资源丰富。一座惬意的公园城市，气候宜人，宜业宜居，有着你向往的生活。

肆◎

一树一城，树是榕树，城是榕城

我是生长于福州国家森林公园内的“榕树王”，树冠为福州榕树之首，树龄近千年，树干围径 8 米多，树高 20 多米，冠幅 1300 多平方米，占地 2 亩，可纳千人于树下。

谁说独木不成林？榕树就是这般神奇的存在，一棵古榕即一片森林。它枝繁叶茂，根须发达，为大众广布绿荫，为大地立根守候。作为福州的市树，榕树一直都用它的浓浓绿荫造福着整个城市。福州也因满城遍植绿榕而被大家亲切地唤作“榕城”。值得一提的是，榕树崇拜还是福州颇具特色的一大民俗景观。在福州人的心目中，“榕”字有包容、宽容、融通等寓意，榕树是自己的精神象征。同时，榕树也被视作有灵气的神木，代表着一种精神寄托。

空中花园
——三山两塔漫笔

“城在山之中，山在城之中”是榕城福州独具的风景。这城中之山，指的便是鼓楼区内的于山、乌山和屏山。

于山位于车马喧闹的市区中心，俯临五一广场。整座于山就是一块大石头，巨石嵚崟，峰可摩天，如同一位与岁月同庚的仙人，神闲气定，端坐在天地之间，阅尽人间沧桑。山麓的白塔寺的创建者为闽王王审知，寺院建于唐天祐二年（905 年）。登白塔远眺，城南秀色尽收眼底。

与白塔遥遥相对的是位于乌山东麓的乌塔，犹如一管巨笔直插天穹。乌塔之下的乌塔公园，则是文人雅士特别喜欢光临的地方，以山石幽奇受到他们的喜爱。

而屏山，则以山形似屏风而得名。由于城市的拓展，屏山的大部分已融入城区之中，山的意味因此减少了许多，但屏山却是福州城市发源地。

福州三山，在高楼林立的闹市之中犹如三座巨大的空中花园，成为一道永远鲜活的风景。

KULIANG

诗行中的清凉画境

鼓岭，中国四大避暑胜地之一，国家级旅游度假区，有『左海小庐山』之美誉。这里的岭上风光如诗如画，令郁达夫倾心，舒婷还为之写诗，外国友人们亦对之念念不忘。这里山高林密，溪清水净，风清雾绕，物华灵聚，自然景观养眼舒心，『夫妻树』柳杉王更堪称当地一绝。与此同时，这里还有着丰富的人文景观，宜夏别墅、鼓岭教堂、万国公益社、鼓岭邮局、百年游泳池、大梦书屋等，都是非常值得一去的特色景点。滚烫的日子去哪儿high？且上鼓岭，观日赏月，露营野餐，揽云海胜景，拥一城繁华，岂不快哉！

会“做梦”的山

谁没有见过山，但你见过会做梦的山吗?

谁没有做过梦，但你做过会灵验的梦吗?

“一座山”与“一个梦”，读懂了这两个关键词，你就读懂了会“做梦”的山。

山是福清的石竹山，倒映在东张水库的碧水之中，显得清丽而富有灵性。只见半山腰悬崖峭壁上，雕梁画栋的群体建筑一面依山、三面悬空，远望如空中楼阁、天宫仙苑。

梦也是在福清石竹山上做的梦。所谓梦寐以求，黄粱美梦，梦想成真，南柯一梦——梦里梦外有玄机，梦长梦短皆学问。可以说，到石竹山来的，多半是为了祈梦。如果你以为“白日做梦”多么可笑，那就大错特错了！请你到石竹山上看一看，那一张张竹席上或躺着或坐着的，都是想“白日做梦”的人，可别忘了，这里被称作“中华梦乡”。

你平步青云的时候到了

青云山，国家 AAAA 级旅游景区、国家重点风景名胜区，位于福州市永泰县岭路乡境内，有云天石廊、九天瀑布、青龙瀑布、杪椤神谷、白马峡谷五大经典景点。

TIPS

相传，宋朝萧国梁赴京应试，一举夺魁，成为永泰历史上的头名状元，当地老百姓为纪念他年少时曾在此山苦读，便将此山命名为“青云山”，希望他将来能“青云直上”。

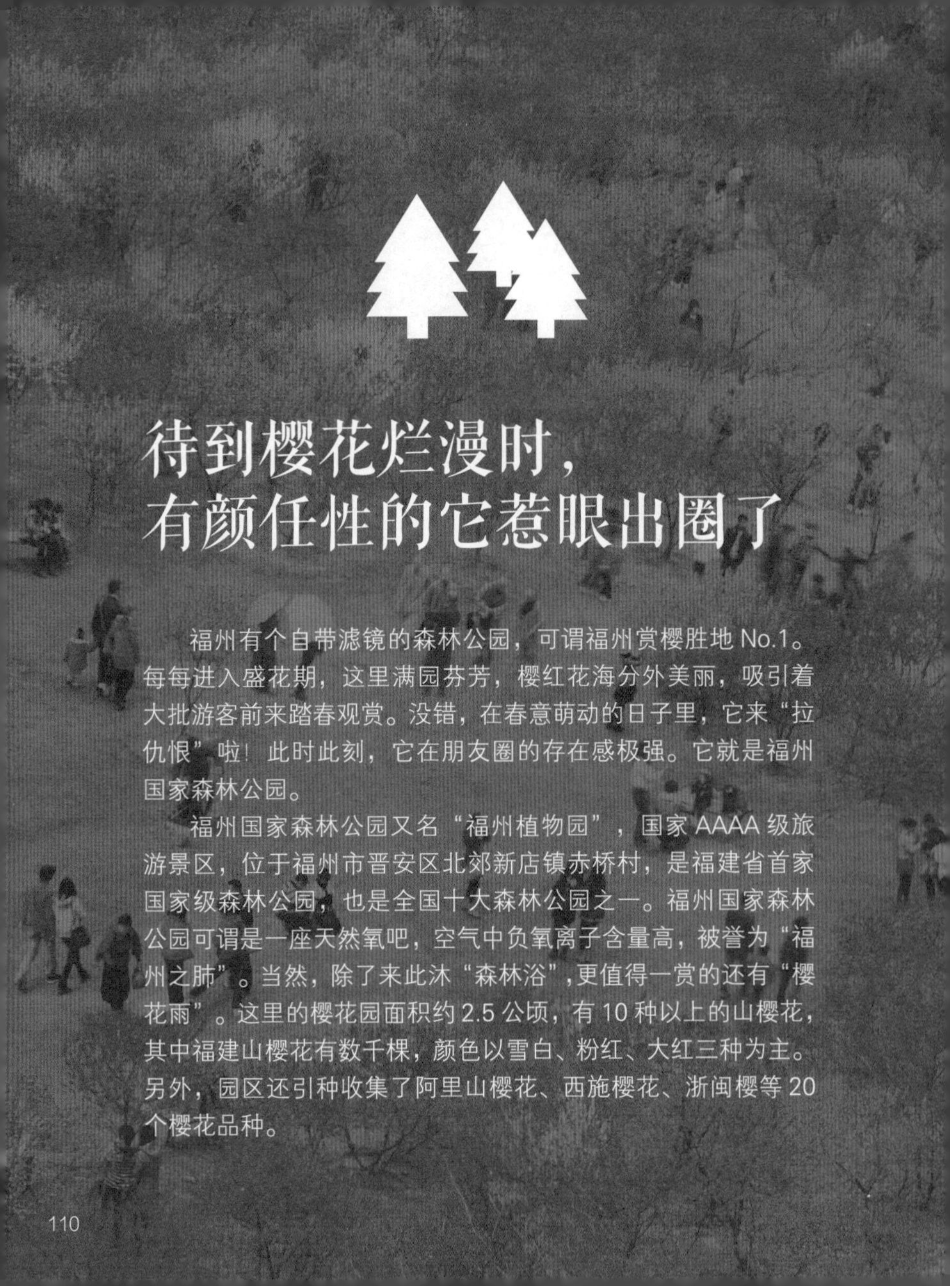

待到樱花烂漫时，有颜任性的它惹眼出圈了

福州有个自带滤镜的森林公园，可谓福州赏樱胜地 No.1。每每进入盛花期，这里满园芬芳，樱红花海分外美丽，吸引着大批游客前来踏春观赏。没错，在春意萌动的日子里，它来“拉仇恨”啦！此时此刻，它在朋友圈的存在感极强。它就是福州国家森林公园。

福州国家森林公园又名“福州植物园”，国家 AAAA 级旅游景区，位于福州市晋安区北郊新店镇赤桥村，是福建省首家国家级森林公园，也是全国十大森林公园之一。福州国家森林公园可谓是一座天然氧吧，空气中负氧离子含量高，被誉为“福州之肺”。当然，除了来此沐“森林浴”，更值得一赏的还有“樱花雨”。这里的樱花园面积约 2.5 公顷，有 10 种以上的山樱花，其中福建山樱花有数千棵，颜色以雪白、粉红、大红三种为主。另外，园区还引种收集了阿里山樱花、西施樱花、浙闽樱等 20 个樱花品种。

一条出道即自带高光的森林步道

目前，福州市森林覆盖率已超过58%，居全国省会城市第2位。近年来，福州市为拓展城市绿色空间，一座座生态公园、一条条休闲步道相继诞生。据了解，福州市现有1248个公园，是个名副其实的“千园之城”。各类社区公园、街心公园、带状公园、串珠公园，以及木栈道、彩虹道、石阶道等，把福州城有机地连接在一起，使得城在园中建，道在林间走，人在画中游。

福州最美城市森林步道——“福道”，是全国最长的空中森林步道，采用全国首创钢架镂空设计，一出道就斩获了国际重量级奖项：国际建筑大奖（2017年）、新加坡总统设计奖（2018年）。生活如此可爱，还请你放慢脚步，一享“福道”之福哦。

鸟的天堂

每年有数以万计的候鸟组团来到闽江河口国家湿地公园栖息越冬，其中不乏黑脸琵鹭、斑嘴鸭、鸿雁、小天鹅等珍稀鸟种的身影。行走在这里，当一群小可爱奔向你的时候，就问你稳不稳得住？

闽江夜景美如斯，登船一游便可知

闽江，福州的母亲河，是一条奇秀清澈又雄浑宽阔的河流。她的美，在她的独一无二，正如郁达夫先生所说：“人家在把她譬作中国的莱茵，我想这譬喻总只有过之，决不会得不及。”而对于游客来说，感受闽江最好的方式就是乘船进行“闽江夜游”。游船从台江码头出发，沿途远观景点有闽江大桥、泛船浦天主教堂、鳌峰洲大桥、中洲岛、解放大桥、三县洲大桥、闽江公园、尤溪洲大桥、福建广播电视中心大楼、金山大桥、洪山桥、海峡金融街、花海公园、鼓山大桥等。

当夜幕降临、华灯初上之时，乘船游于闽江之上，看江面水波潋滟，任江风拂过面颊，领略江岸夜色无边，品味古都历史韵味，可谓赏心悦目，人间值得。与此同时，闽江两岸楼体联动上演的3D立体灯光秀，梦幻又迷人，亦令人沉醉不已。

华浦

一起来耍浪呀

福州连江、罗源境内有“三湾”，分别是黄岐湾、定海湾、罗源湾。

黄岐湾在黄岐半岛畚箕山与定海角之间，北依罗源湾，南临马祖列岛，是福建省一个对外交往的重要口岸。这里风光辽阔，望乡亭可遥望马祖列岛，附近的天福渔夫岛景区有近千米的彩虹色海岸堤坝，沿着海岸线的公路一侧，还有绵延数千米的创意彩绘涂鸦墙和集装箱建筑，配上无敌大海景，简直大片感十足。所以，喜欢拍照的你一定不要轻易错过哦！

定海湾位于连江县筱埕镇，扼闽江口、敖江口，素称“闽江北喉”，是古代海上丝绸之路的重要口岸，也是中国水下考古事业的摇篮。定海湾内的定海古城堡始建于明洪武二十年（1387 年），由明初名将周德兴所建，位于福建省级首批历史文化名村——定海村，享“会城重镇”之誉，曾长期是闽东沿海抗倭斗争的坚固城堡。

罗源湾位于福建省沿海东北部，北邻沙湾，南隔黄岐半岛与闽江口相连，是全国少有的天然深水港湾。这里畲风海韵，傍海处有天堂山环抱。这里鱼类资源丰富，更有国家 AAAA 级旅游景区——罗源湾海洋世界。

一眼千年的宝藏渔村，在这里！

脚步不能到达的地方，眼光可以到达。位于福州市连江县安凯乡的奇达村是一个将山、海、岛演绎到极致的千年小渔村，一面枕山，三面临海，有近20座美丽的小岛，其中数东洛岛、址洛岛、西洛岛三岛最为出名。从旗冠顶极目远眺，可俯瞰整个奇达村，成片的渔排浮于波光之上，渔船在碧蓝的海上航行，造型独特的石头厝静卧海边……浑然天成的滨海风光，直教人一眼就爱上。

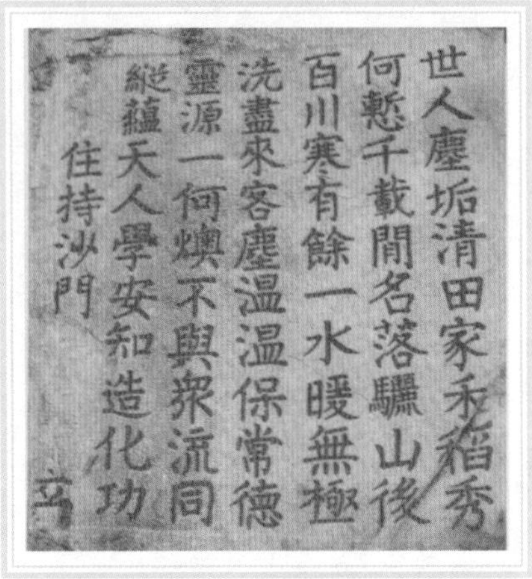
世人塵垢清田家禾稻秀
何慙千載間名落驪山後
百川寒有餘一水暖無極
洗盡來客塵溫溫保常德
靈源一何㶿不與衆流同
縱蘊天人學安知造化功
住持沙門

在唐池宋汤里泡一个轮回

福州地区利用温泉的历史可以上溯到千年之前。每一泓温泉，都有一个属于自己的故事。

晋太康二年（281 年），福州就已经发现温泉，史称“九龙金汤”，当时的晋安太守严高修建子城时，在现今的东门处开凿人工运河，民工就发现了涌出地面的温泉。闽王王审知建罗城时，民工又在今天的汤边与树兜一带发现了温泉，就用石块砌成三口汤池用作沐浴，后称“古三座”澡堂。

20 世纪 30 年代是福州温泉澡堂发展最为鼎盛的时期，开业的澡堂有 53 家之多。温泉承载了福州人太多美好的回忆：搭条浴巾，穿着木屐，先到大池中预热一下，再到汤池里浸泡，直烫得面红耳赤、浑身冒汗，赤裸酥软地往竹躺椅中一靠——“也透脚！”老一辈福州人最惬意的生活莫过于此。

三山座澡堂专用
离店私用者按盗窃论处
离店私用者按盗窃论处
私用者按盗窃论处
三山座
澡堂

等风，等雨，还等你一“泡”成名！

欲说泡汤好去处，福州怎能没有姓名？“五凤朝阳生丽水，九龙经脉出金汤”，说的正是福州温泉。福州，中国温泉之都，一座泡在温泉里的城市，而温泉也俨然已成为这座城市所特有的生活态度——温情汩汩。都说诗酒趁年华，福州定能满足你对温泉的一切念想，So，快来这儿一“泡”究竟吧！

閩安南岸礮臺圖說

南岸為長門馬尾適中之要隘與北岸對寺毘連滬嶼港道極窄不能容大礮築暗臺一座高二丈四尺橫寬九丈五尺直長一丈六尺配通字號四十磅子後膛鋼礮三尊西南隅築平臺一座高一丈二尺橫直各寬一丈五尺配車輪礮二尊迤西築平臺一座高六尺橫寬十九丈直長四丈配鋼鐵土礮九尊稍後築平臺一座高九尺橫寬九丈五尺直長四丈配銅土礮四尊前營門設敵樓門內官廳六間兩廂兵房四十間又子藥庫兩所通字號礮重二千七百觔食藥十二觔食子三十觔其車輪以及銅鐵土礮重數百觔千餘觔二千餘觔食藥十餘兩三四兩食子六七觔十餘觔不等

南岸明暗礮臺圖

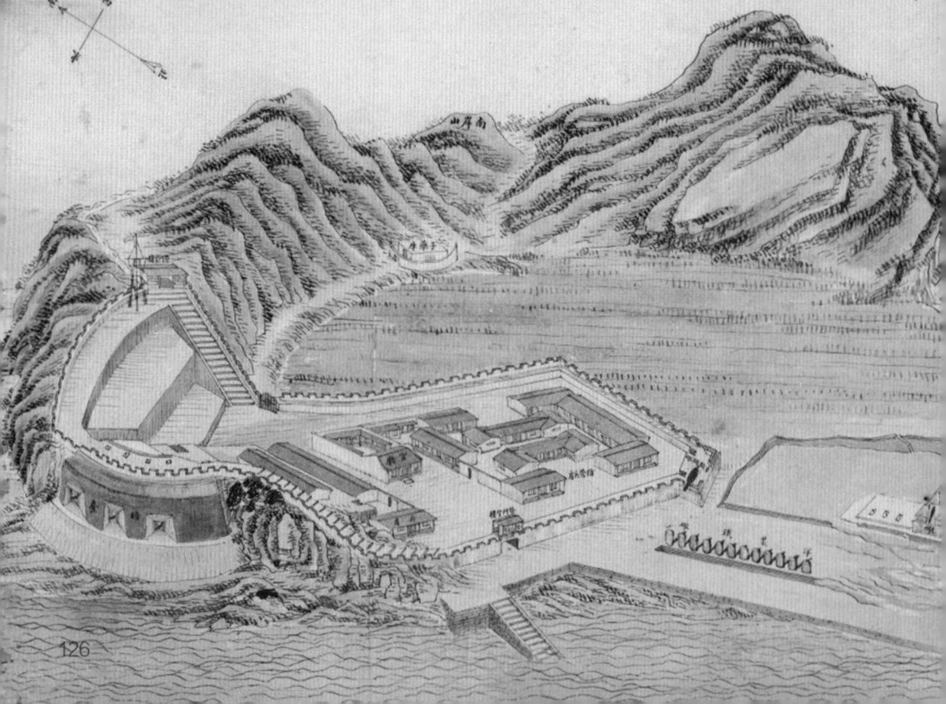

江海交汇现闽安

不知道在 150 多年前，那位苏格兰摄影家约翰·汤姆森初次来到福州，沿闽江逆流而上的时候，有没有注意到闽安这个江边小镇。有史料记载，汤姆森一行进入闽江口前往马尾的途中，被闽江两岸的旖旎风光所陶醉。

那个时候，闽安是隐藏在茂密的木麻黄树林里吗？汤姆森有没有看见迥龙桥头道亭的飞檐呢？

一条闽江，串起多少曾经的故事？马尾船政的兴衰、琴江炮台的硝烟、琅岐岛沼泽里飞起的鹭影、闽安小镇上往来的商贾将士……

其实，在汤姆森那个时代，福州是一个发达的都市，要不然这些“老外”为何不辞艰辛要来这个中国版图上偏远的地方，中国皇帝“鞭长莫及”的一隅？

福州彼时对外贸易十分繁荣，主要是茶的贸易，更准确地说是红茶的贸易。很多外国人来到福州，是为贩卖红茶去欧洲，不料却被福州风情的千姿百态所迷恋，有的常住要做个福州人，如卢公明；有的到处行走拍摄，如汤姆森。

福州是一座有着 2200 多年建城史的国家历史文化名城。文化是一个脉，从古至今。

鹅卵石上的千年古镇

大樟溪从重峦叠嶂的大山深处飘然而来，孕育了钟灵毓秀的嵩口古镇。

这里至今留存 120 多座明清古民居，大院厅堂、回廊侧门保存了明清富有南方特色的土木结构建筑风格，处处布满了木雕、石雕、砖雕、泥塑、壁画。走在古镇上，鹅卵石铺就的小路通向每一条巷道，早已离我们远去的岁月仿佛被凝固住。

除了建筑，古老的嵩口镇还凝结着深厚的文化底蕴。南宋著名爱国词人张元幹、名扬海内外的闾山派道教神人张圣君均出生于嵩口镇月洲村。月洲村至今留有许多古迹，吸引着一批批专家、学者前来参观。

嵩口镇是古典的。一座座古民居，一位位传奇人物，及其所凝固的岁月和故事，都值得我们细细去品味，去探访。

梨花伴月爱荆庄

爱荆庄之所以扬名，皆因为“爱荆”二字。古人将妻子称为“拙荆”，“爱荆”则是爱妻的意思。听到这儿，不由让人心生向往，这是一段如何惊艳了时光和历史，又令人艳羡垂涎的爱妻传奇？

爱荆庄位于永泰县同安镇洋尾村，它用形似米粒的河卵石，用土法砌出高达 7.6 米的四面外墙，这样成熟而精致的土夯和卵石垒砌技艺，连古建筑专家们都为之震撼。和其他防御性民居一样，爱荆庄设计巧妙，易守难攻，在寨墙的四周，跑马廊、铳口箭口、马面和碉楼，一应俱全。

当年，兴建这座古堡的 57 岁的鲍美祚，把对妻子李氏的欣赏与尊重，大大地书写在庄寨正门之上。如今，我们跨过一道又一道的门槛，穿过长长的曲折跑马廊，想象一个多世纪前，那些随身携带兵器的家丁在跑马道上巡逻，时不时朝着三角形的枪炮口俯瞰外面的世界。外面的世界多么精彩，也不如庄寨里安全幸福。

TIPS

毓麟宫是水师旗营建立的五个祖庙之一，宫里还保留着当年的戏台。每年农历十月十三日满族颁金节和农历三月毓麟宫庙会，这里都要演出一种叫“台阁”的戏种。

“满城”琴江

琴江，闽江南岸、长乐航城镇内的一个小村庄，因为流经村前的一段江形似古琴而得名。《琴江志》中有诗载：“一片清辉月满舟，水天相映夜光浮。耳边似觉琴音奏，韵出空江听水流。”然而，翻阅琴江历史，这个伴水而生的小村庄书写的却是另一番惊涛骇浪的诗篇——它的前身，是清四大水师旗营之一的三江口水师旗营。

清雍正七年（1729 年），清政府出于对台湾和东南海防的重视，在“去海不远、密迩省城”的琴江建立了三江口水师旗营，它的建立比马尾水师还早 150 年。今天，这个仅有 140 余户人家的村庄，历经 290 多年风雨，却神奇地保留着中国乃至世界的多个唯一：中国东南唯一的满族村；中国唯一保留比较完整的清代八旗水师旗营；世界上现存唯一一个兵民合一的古代营盘。

对外人来说，这座“满城”充满了神秘，而作为营盘，它的规划设计无处不着眼于军事需要。

步入“满城”,如入迷宫，街巷纵横交错，时而相通、时而相闭，且每两条街道交接处都有一块几十平方米的空地，为埋设伏兵、展开巷战做好准备。

从清雍正七年（1729 年）到辛亥革命的 180 多年间，三江口水师旗营几乎参加了有关东南海疆的所有重大海上战役，用血肉之躯铸就了载入史册的赫赫战功。

此后，每年农历七月初三，村里人都要在江边祭奠亲人，放漂水莲灯。今天，村口的鲤鱼山上，依然长眠着先辈的英灵，静静守护着身后的村庄……

罗源霍口，一条溪流的等待

汽车从万山丛沓中盘旋而下，前面不远就是霍口了。

霍口这名字的由来，应该和这里的山形有关。霍同豁，是缺口的意思。山间有了缺口，自是水的通道。于是，在群山中千回百折的霍口溪，通过这道大山的缺口，直下福州北峰，注入山仔水库，再一路南奔，汇进敖江而后由连江入海。

霍口是著名的畲乡。据说，畲族的先民是从广东潮州的凤凰山一路迁徙来到群山之中的霍口的。他们相中了这里山环水抱的地势，更相中了这里远离尘嚣的静谧。霍口给人的最初印象，就是出奇的安静。公路上来往的车辆不多，街上也看不到匆匆的行人，慢生活的节奏在这里延续了千年。

顺着霍口溪的一条支流走，是“畲山水”景区。山路迤逦，渐行渐深，溪边环簇着一座畲家小村寨，有个好听而亲切的名字，叫作山朋。与山为朋，可知畲族人对山的热爱和对山的倚重。

这是一条溪流的跋涉，从高山峡谷间，风雨兼程，不辞辛劳。这也是一条溪流的等待，千年的守望，不曾动摇。青山绿水，终被世人认识。

缓缓推开这座古堡之门

欧洲的古堡，充满了童话故事里的浪漫，而东方的古堡，则以它未知的神秘，深深地吸引着无数人。

东关寨历经三百年的风霜雨雪，依然傲然屹立。踏着古道而上，厚重的石墙迎面而来，历史的沧桑感油然而生。

东关寨，顾名思义就是山岭入口的村子，『一夫当关，万夫莫开』，固若金汤，与闽西客家古堡有着异曲同工之妙。

据史料介绍，东关寨为当年何氏家族为防御土匪而兴建的古堡式民居建筑，同时也是个颇具军事价值的建筑。两百多年过去了，东关寨内的很多木石构件虽然残缺了不少，但是整体结构依然保持完好，诸多木构件与石构件堪称精美绝伦。

人间有味是清欢

都说『福州菜飘香四海，食文化千古流传』，来到闽菜发源地，恭喜你，你的人生就要进入发福地段！福州菜，闽菜的主流，以烹制山珍海味而著称，钟情于汤水，偏爱于甜酸，口感独特又美味。相信爱美食的你，来这儿大快朵颐一番，会不虚此行的。

伍◎

非常好恰!

佛说，你我本无缘，全因佛跳墙

“坛启荤香飘四邻，佛闻弃禅跳墙来”，这说的便是国家级非遗代表性项目、福州美食——佛跳墙。其又名“满坛香”“福寿全”，是福州的首席名菜，还频频露脸于国宴。都说体验闽都美食最是应从它开始，现在我们就来好好说道说道。

这是一道驰名中外的肴馔，尽管鲜有人不知，但未必人人都吃过。正宗的佛跳墙在烹制时因戴着“荷叶帽”而没有什么香味，但在开坛那刻可谓荤香四溢，酒香扑鼻，还散发着撩人的甜味，浓郁的汤汁、独绝的风味，无不令人向往。如此至尊美味，自然少不了慕名品尝一番的，可即便是老福州人，也依然爱它。

究竟何为佛跳墙？粗糙地看，貌似一锅乱炖，实则集山珍海味之大全，大有讲头。做好一坛佛跳墙，需要考究用料，严苛选材，精细制作，严控火候，过程不免走心费时，却是饱浸着功夫和情感。那么，缘何佛跳墙？其中有很多故事，一言以蔽之，不过放肆解馋罢了。

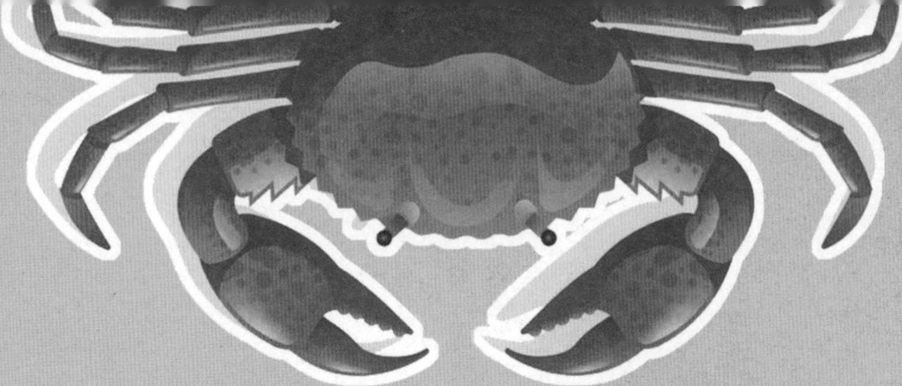

没吃过琅岐红蟳，你的福州美食之行注定留有遗憾！

到福州这样一个沿江面海的城市，美味的江鲜海鲜自是不可辜负的。而曾经贵为贡品的国家地理标志证明商标——琅岐红蟳，则是你来此地定要一尝的人间至品。琅岐红蟳学名叫“锯缘青蟹”，因其青色的外壳边缘有锯齿状而得名。相比于其他蟳，琅岐红蟳螯大劲十足、体实而膏丰，肉质饱满细腻，味道鲜甜上口，具有滋阴补肾、强筋壮骨的药用价值。那么，它是如何做到这般好吃又营养的呢？这就要归功于它的养殖秘籍了！首先，琅岐红蟳住的地方好。琅岐位于闽江入海口，地处淡水与咸水的交界处，有着独特的水质、适宜的水温和盐度，以及丰富的饵料。再者，琅岐红蟳吃得也好。它有个傲娇的胃，吃的鱼虾必须新鲜。可以说，一旦离开了这片特定的天然养殖区域，琅岐红蟳就不是真正意义上的琅岐红蟳了。

面对如此令人垂涎的美馔，吃货们最关心的应该还是它的吃法问题。最原汁原味的食法莫过于生炊。此外，“对半香煎红蟳”“八宝红蟳饭”“红蟳蒸粉丝”等也都是非常受宠的菜品。

食客们，最正宗、最清鲜的琅岐红蟳已准备就绪，坐等你来撩！

好吃到跳腳!

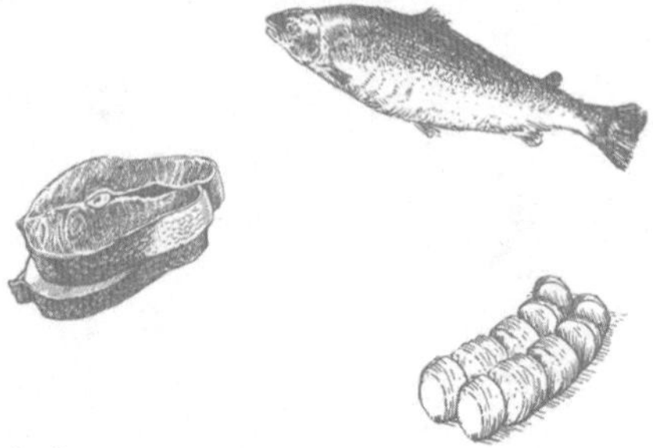

只一口，唤醒味蕾新体验

福州有一种充满诱人酒香的美味，叫作红糟。福州红糟，实际就是酿好青红酒后筛滤剩下的渣料。红糟的含酒量为 20% 左右，质量以隔年陈糟，色泽鲜红，具有浓郁的酒香味为佳。它去腥解腻，有着难能可贵的天然红色素，具有降低胆固醇和血脂等作用，是有益健康的天然食品。那你知道福州人有多爱吃红糟吗？淡糟香螺片、红糟鸡、红糟鳗鱼、炡糟羊、红糟爆蚬子、红糟爆田螺、光饼夹糟肉、螃蜞酥……这些红糟菜可都是福州人饭桌上的常客。可以说，闽菜一入糟，就被赋予了新的灵魂。对于没吃过红糟的人来说，红糟带来的绝对是一种独特的味蕾体验，即使你是个挑剔的吃货，相信它也能一秒征服你的味蕾。

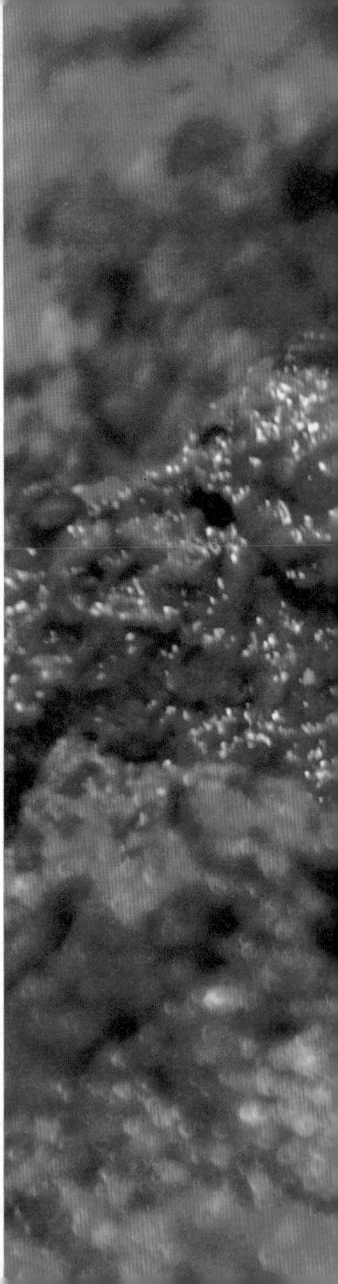

香得不得了，赶快安排！

一口上心头!
1

苦乐人生，怎能少得了酸甜滋味？

饮食乃人之大欲，每种美食背后都蕴含着丰富的智慧属性，也渗透着独具特色的地域文化。福州菜很甜，还带点酸。福州菜除主打鲜香清淡之外，亦善用酸甜套路虏获一众食客的芳心。在醋里捡糖吃，酸溜溜，甜滋滋，给口腔以强烈的刺激，竟意外地开胃可口。喜欢酸甜口味的小伙伴们，千万不要错过哦！

★ 爆款推荐 ★

1. 爆炒双脆

其以海蜇皮和猪腰为主料，口感酸甜脆爽。

2. 南煎肝

猪肝经两次加工后成就的美食，超级无敌嫩！

3. 荔枝肉

其因色、形、味皆似荔枝而得名，口感酸甜脆嫩。

4. 醉排骨

只要一上桌就会被秒杀，土豆、荸荠、香葱或白芝麻都是点睛好物。

5. 菊花鲈鱼

鲈鱼加持，味道鲜美，酥香下饭，酸甜适口。

6. 酸辣汤

肉皮、鱼唇、鱿鱼是标配，胡椒粉是灵魂，胶原蛋白杆杆的！

TIPS

福州知名的老牌肉燕店铺有同利肉燕、依海肉燕、下屿肉燕、丹阳肉燕等。

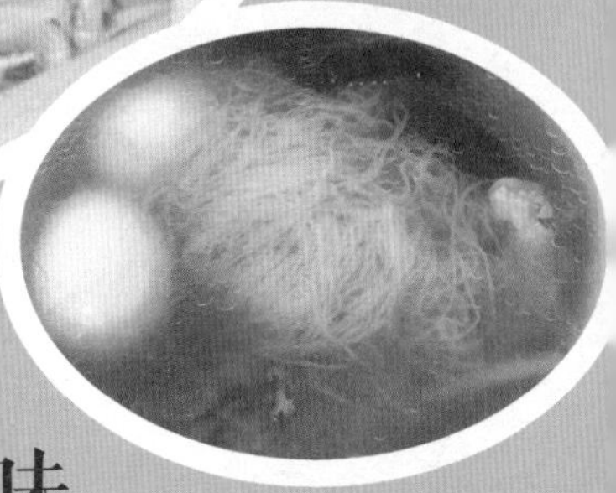

你值得拥有的太平风味

太平燕

肉燕又称“太平燕”，圆头散尾，形同飞燕，寓意平安团圆，是福州最具代表性的一大传统小吃，已有上百年历史。将猪后腿的精肉经过千锤百炼之后，配以上好的番薯粉，擀制成燕皮，再包以肉羹，即为福州肉燕，入口韧而有劲，可口无比。

无燕不成宴，无燕不成年。在福州，不论婚丧嫁娶、生日做寿，抑或逢年过节、亲朋聚会，人们都会吃这道太平佳肴。更甚的是，吃货收藏夹里也一直都有它，足见其魅力之无穷。

太平面

福州人喜欢吃面，也喜欢以面会友。除从不断档的粉干、捞化外，福州线面正是福州人从小吃到大的平安长寿面，也是不可小觑的抚“胃”神器。一碗高汤，几朵香菇，一个鸭腿或几块猪蹄、排骨等，两个鸭蛋（“鸭蛋”与“压浪”福州话同音，寓示风平浪静，一切太平），再放入些许福建老酒，一碗地道的福州高汤线面就成了。纯手工制作的福州线面丝细如发、柔软而韧、入汤不糊，嗦一碗，美味又养胃，幸福年年长！

鱼生自古谁无死，留取肉丸讨欢心

鱼丸亦名“水丸”，古时称“汆鱼丸”。中国鱼丸之都——福州出品的鱼丸就令无数饕客为之疯狂，念念不忘。提到福州鱼丸，鱼丸粉粉头们瞬间食欲 up up up！福州鱼丸一般以鳗鱼、鲨鱼、马鲛鱼、淡水鱼等为主料制作而成，洁白晶亮的皮囊之下裹着一个大肉馅，一口就飙汁，鲜而不腥，香滑爽口，可谓百吃不腻，赢得一众好评。

想要实现“美食自由”？You can！

平平无奇干饭人，请就位！

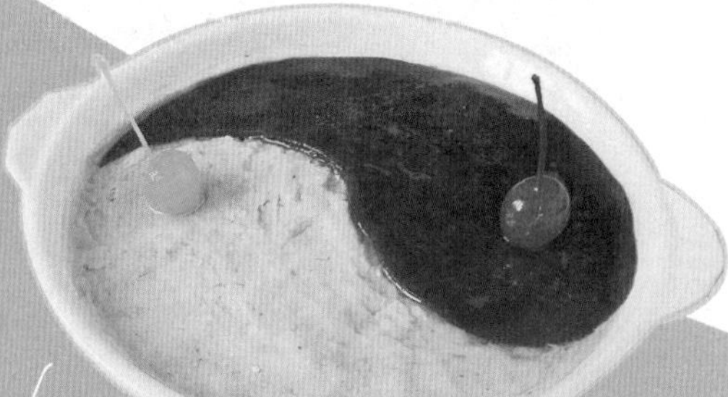

一道你不可错过的“爱国甜点”——芋泥

经典官配

闽侯尚干拌面 & 扁肉

锅边糊

春卷

九重粿

福清光饼

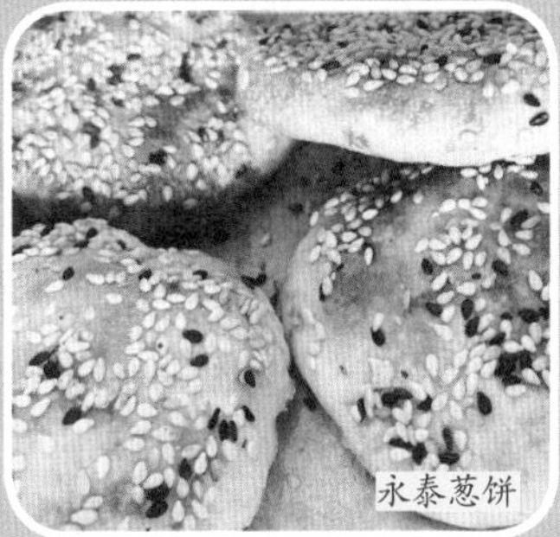

永泰葱饼

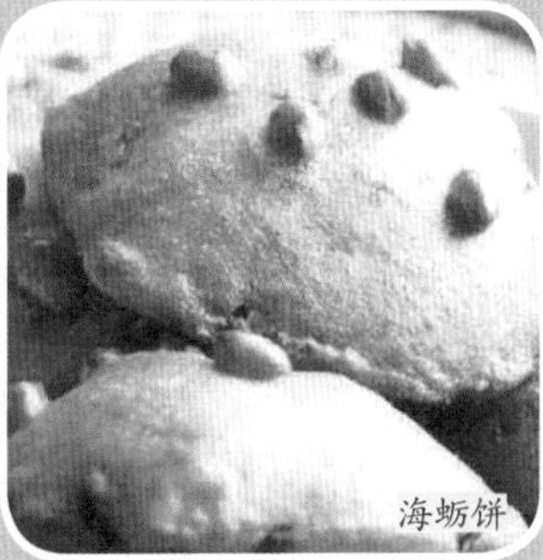

海蛎饼

如果你对粉干不是喜欢，是很喜欢，那就看过来！

可以说，福州人对粉干是百吃不厌的，只一碗下肚就特别满足。如果不成，那就来两碗。粉干可拌可炒可煮，种种都无限美味，但凭喜好选择即可。最简单而不平凡的一种吃法，乃以猪油或花生酱拌之，再酌情洒上葱花、香菜等提味。而就着卤杂吃粉干，并佐以各式美味蘸酱，则是当地流行的又一时髦吃法。同时，糟菜粉干、鸭露粉干、泥鳅粉干、番鸭粉干、熟鱼粉干、糟鸡粉干、海鲜粉干等本土特色花式佳肴，也颇为深得人心。这里尚有一隐藏的高级吃法，即在里面淋上虾油或加入福建老酒，味道简直不要太销魂，“丫霸”！

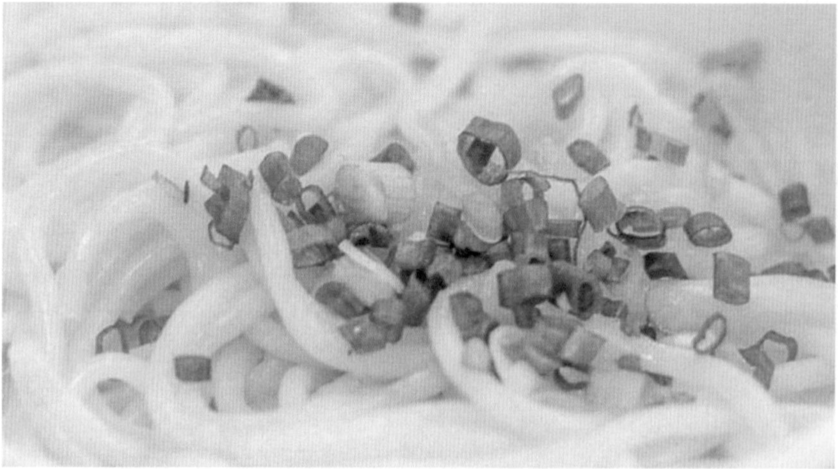

+稀饭=?

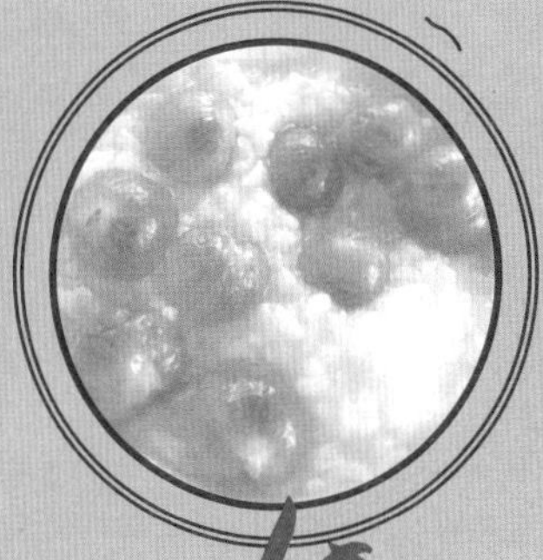

100

看似奇怪，实则 CP 感满分

福州有“白露吃龙眼，一颗顶只鸡”之说，同时福州人还将龙眼和稀饭混搭出一道不一样的人间烟火，且习于白露这一天进补，可谓仪式感满满。不福州的你对这吃法可能不甚理解，但味蕾黑洞真是不存在的！将剥好的新鲜龙眼直接泡入温温的稀饭中，一口下去，清甜回甘，很是上头。没吃过的不妨尝尝看，说不定一口就爱上了呢？

福州人的freestyle，毫无违和感。

TIPS

福州长乐青山龙眼核小、质脆、单果大、味香，自宋代起就赫赫有名，堪称果中珍品。当年，朱熹高徒兼爱婿黄勉斋曾将它敬献给宋光宗，宋光宗对之赞不绝口，将其钦定为贡品，并特赐“黄龙”匾额，以誉其珍。

阿楷美食
VS
加盟热线
新派波斯烤鱼
烧烤龙虾美食街
阿楷美食 昼夜实惠
0591-87566963
0591-88006166

夜太美，味更美

对于吃货而言，人生的意义或许就在于吃吃喝喝。夜色下的烟火气息，无疑能为这座城市多元的生活方式增添一抹亮色。位于福州市中心的达明美食街堪称福州版“士林夜市”，几十个美食档口看得人眼花缭乱，若都想尝上一口，怕是要带上你 XXXL 的胃来。而欲感受本土最浓厚的宵夜氛围，还是要去福州的老牌夜市——“王庄夜市”。“阿咪大排档”“连江海鲜吧”“四毛龙虾”“饭水冰”“王庄煎饼”……这些人气火爆的“深夜食堂”，总有一家能满足你的胃。

Wow！你要的排面，我们都有！

还不止这些哦！

TIPS

国家地理标志产品：福建料酒、青红酒、永泰柿饼、永泰芙蓉李干、福清嘉儒蛤、长乐漳港海蚌、闽清茶口粉干、连江鲍鱼、连江海带、连江定海湾丁香鱼。

有时间绝望的话，不如去老字号撮一顿儿

我们都是社会人，见面怎能少得了伴手礼？

茉莉花茶

福州是中国东南的“茉莉之都”，是茉莉花茶的发源地。这里所产的茉莉花茶品质极好，一直是国家的外事礼茶，更倾倒无数名人雅士，老舍、冰心、汪曾祺等都甚爱之。茉莉香莫离情，可买来赠予亲友和长辈，共品芬芳。

永泰山茶油

永泰种植茶油树历史悠久，这里所压榨的山茶油金黄透亮，气味清香，健康安全，素有“油王”之美誉。此外，独法秘制的永泰山茶油熏鸭也因肉质醇香而广受好评，同样值得入手哦。

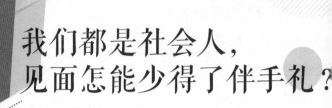

肉松

肉松是福州的名特产，旧称“肉绒”(福州话中还保留着这种叫法)，酥香鲜美，营养丰富。三坊七巷作为福州肉松百年老铺聚集之地，肉松可谓随处可见：“鼎日有”“立日有”“鼎鼎”“花巷肉松”“味中味”……

橄榄

福州盛产橄榄，产地主要分布在闽江下游两岸，以闽侯、闽清的产量最多，品种主要有檀香、惠圆、长营、羊矢等10余种。福州橄榄风味独特，被当地人视为“福果”，初入口时略苦涩，但尔后却越嚼越甜。

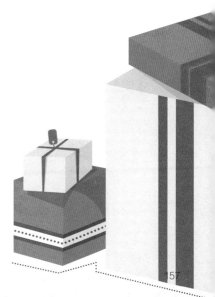

镇海楼，中国九大名楼之一，是福州古城的最高楼，也是福州的『吉祥楼』，守护着福州城。

致　谢

《这里是福州》，是献给福州这块土地的一份精神厚礼。值本书出版之际，我们谨向福州市文化和旅游局，向为本书提供素材的有关单位（福建八方海上客运有限公司等）和个人（部分人员囿于信息不全未能列出），一并致以衷心的感谢。

图　片（排名不分先后顺序）：

陈　奇　陈　婧　陈恩健　陈永诚　程惠萍　程庆雄　池建辉　崔建楠
傅素萍　高心昊　郭　威　胡　文　赖小兵　赖泽樟　李世雄　李育航
梁志斌　林　辉　林　筠　林　兴　林　志　林琦墅　林岳铿　刘可耕
刘友良　刘志群　吕　诚　那兴海　倪政榕　曲利明　阮任塾　申予知
施宇非　王光华　王建平　王劲松　王堃铭　王鲁闽　王蓁蓁　巫晓波
吴　军　吴心钰　吴友亮　夏日利　谢贵平　薛瑜婷　薛志华　杨　欣
杨婀娜　叶　诚　俞　松　郑俊人　钟　鹰　周新建　朱晨辉

文　字（排名不分先后顺序）：

崔建楠　方一珊　高莹莹　黄锦萍　黄文山　蓝　秀　孟丰敏　张小菁

编者

2021 年 9 月

著作权声明

为尊重和维护著作权人的合法权益，本书所录用的摄影作品、文字作品均向著作权人支付稿酬。但囿于信息、时间、人力等原因的限制，本书部分作品的作者难以取得联系，而未能及时支付稿酬。凡本书所录用的作品，若有未及时署名或作者未收到稿酬的，请作者及时联系我们，我们将积极处理。联系电话：0591-87611062。

本书所录用的作品根据宣传和设计需要，经过节选和编辑处理，我们在此谨向著作权人表示衷心的感谢，并对由此造成的不便深表歉意。

编者

2021 年 9 月

相信我，来了，你就爱了。